BIEN MONTER A CHEVAL

BIEN MONTER A
CHEVAL

Carol Green

GRÜND

Table

Traduction de Michèle Lewigue

Première édition 1979 by Octopus Books Limited
59 Grosvenor Street, London WI
© 1979 Octopus Books Limited
Et pour la traduction française :
© 1979 Gründ, Paris
ISBN 2-7000-6003-2
Dépôt légal : 4ᵉ trimestre 1979
Produced by Mandarin Offset in Hong Kong
22a Westlands Road, Quarry Bay, Hong Kong
Photocomposition : Georges Frère, Tourcoing
Printed and bound in Hong Kong

Introduction

par
Mark Phillips

Ceux qui pratiquent l'équitation ont deux grands buts : leur propre plaisir et la détente. *Bien monter à cheval* explique au débutant tout ce qu'implique la pratique de l'équitation, comme la possession de son propre cheval. Celui qui a déjà commencé à pratiquer, y puisera une meilleure compréhension de ce passionnant apprentissage.

Après avoir lu ce livre, le débutant connaîtra les grands principes de base de l'équitation. Ces connaissances, jointes à la science d'un maître de manège, lui permettront d'envisager sereinement ses premières rencontres avec le cheval, dont il sera mieux à même de comprendre la psychologie et les besoins.

Ceux qui sont déjà des amis de longue date des chevaux, seront heureux de trouver dans ce livre des explications sur le sport qu'ils pratiquent, ou sur ce qu'ils essaient de réaliser. Il leur apporte aussi quelques précieux conseils pour chercher à réaliser le plus de progrès possible, et pouvoir ainsi encore plus profiter des joies que procure l'équitation.

Je souhaite à tous ceux qui liront ce livre, et décideront de démarrer ce sport si attachant, succès et joie dans leur entreprise. J'espère qu'ils y trouveront autant de plaisir que j'en ai pris moi-même. Il faudrait peut-être pourtant que je les avertisse que l'équitation est loin d'être toujours facile, mais la satisfaction d'avoir réalisé une si belle conquête sur soi, vaut bien quelques peurs et quelques chutes.

En selle

L'équitation est un sport qui se pratique en toute saison et à tout âge. Aimer les chevaux n'implique nullement que l'on soit particulièrement fortuné ou doué. Point n'est davantage besoin de désirer monter pour s'y intéresser. Si certains se contentent de suivre avec passion les émissions télévisées consacrées au cheval, d'autres par contre brûlent de devenir des cavaliers de concours et ainsi de paraître sur le petit écran !

Si vous souhaitez réellement apprendre à monter d'une façon satisfaisante, mieux vaut vous adresser à une école d'équitation. Le maître auquel vous serez confié saura déterminer, grâce à son expérience, le cheval qui vous conviendra le mieux, cela afin de vous permettre d'accomplir de rapides progrès et de vous mettre en confiance.

Le moment venu, choisissez une école possédant une cour propre et nette, et des animaux bien tenus d'apparence saine. Sachez que là où l'on s'occupe bien des chevaux, on saura s'occuper de vous. La plupart des sociétés d'encouragement éditent des brochures où vous trouverez sans mal l'adresse d'écoles d'équitation convenables.

Dès que vous saurez monter convenablement, vous pouvez envisager de vous consacrer à la promenade, une activité agréable, délassante, qui permet de contempler sous un tout autre angle le paysage, tout en se désintoxiquant et en prenant de l'exercice.

Certains d'entre vous désireront dépasser ce stade et se consacrer plus pleinement au cheval, peut-être même faire l'acquisition d'un animal. Mieux vaut commencer votre apprentissage, qui sera long, en proposant votre aide à un propriétaire ami ou en offrant vos services, pendant vos loisirs, à une écurie de la région. Sachez vous montrer attentif au moindre détail et vous apprendrez ainsi comme traiter le cheval. Parallèlement, lisez le maximum d'ouvrages consacrés au maniement du cheval.

Les jeunes et les adultes n'auront aucune difficulté pour trouver dans leur région un club hippique. Si vous désirez participer à des compétitions, de nombreux champs d'activité s'ouvrent à vous, parmi lesquels citons le dressage, le concours hippique et le concours complet.

Surtout, n'oubliez jamais que vous êtes responsable du cheval. Il se fie entièrement à vous. Il est disposé à accomplir tout ce qui est en son pouvoir pour vous, mais exige en retour une écurie confortable, une nourriture convenable et des soins constants.

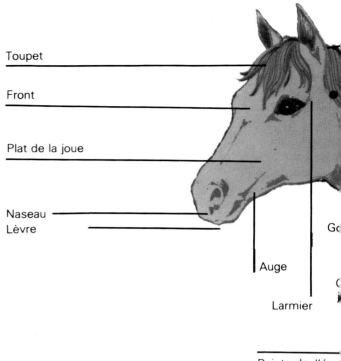

Toupet

Front

Plat de la joue

Naseau

Lèvre

Auge

Larmier

Pointe de l'épa

Poitrine

Comment mesurer la taille d'un cheval.

SIGNALEMENT DU CHEVAL

Le signalement du cheval, ou description de l'aspect extérieur du cheval, est la première chose que vous devez connaître. Afin d'être capable de comprendre les conversations des initiés et le langage des ouvrages consacrés à l'animal, il est indispensable de connaître exactement les différentes parties de l'anatomie du cheval, ainsi que le nom particulier que chacune a reçu.

ÂGE ET TAILLE

L'examen des dents permet de déterminer l'âge d'un cheval. Jusqu'à ce que l'animal ait atteint l'âge de huit ans, il est facile de distinguer avec exactitude l'âge d'un cheval. Au-delà, l'opération se révèle plus délicate et on ne peut par conséquent affirmer avec exactitude l'âge de l'animal. L'étude de diagrammes et l'examen des incisives de nombreux sujets permet d'acquérir une certaine pratique. L'assistance d'une personne expérimentée, qui vous apprendra à comparer les diagrammes avec la dentition de chevaux dont on connaît l'âge avec précision, constitue une aide précieuse en la matière. A mesure que votre expérience s'enrichit, vous pouvez contrôler vos progrès en comparant vos déductions avec les conclusions des propriétaires de chevaux que vous serez amené à rencontrer. Tous les chevaux et poneys se mesurent en *paumes*. Une paume mesure 10,16 centimètres. A l'aide d'une canne spéciale, le cheval se tenant carrément sur ses jambes, vous obtenez la hauteur exacte de l'animal, c'est-à-dire la distance séparant le sol du garrot. La plupart des poneys sont relativement petits — 14,2 paumes étant la taille maximum généralement admise ; toutefois,

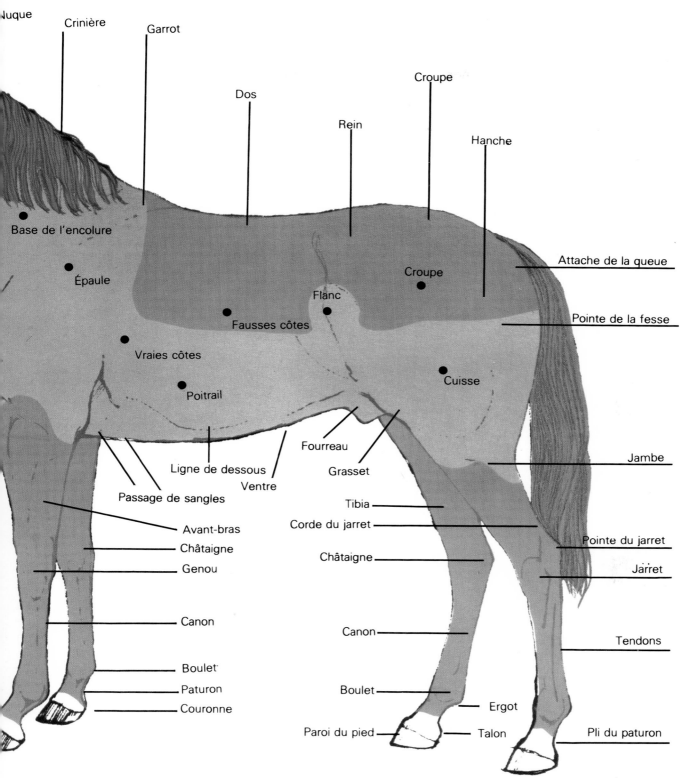

Nuque
Crinière
Garrot
Dos
Croupe
Rein
Hanche
Base de l'encolure
Épaule
Croupe
Flanc
Attache de la queue
Fausses côtes
Pointe de la fesse
Vraies côtes
Poitrail
Cuisse
Fourreau
Ligne de dessous
Grasset
Jambe
Ventre
Tibia
Passage de sangles
Corde du jarret
Pointe du jarret
Avant-bras
Châtaigne
Châtaigne
Jarret
Genou
Canon
Canon
Tendons
Boulet
Paturon
Boulet
Ergot
Couronne
Paroi du pied
Talon
Pli du paturon

un individu qui dépasse cette stature reste un poney. Cependant, les sujets d'une taille supérieure sont habituellement considérés comme des chevaux.

CONFORMATION

La silhouette et la charpente d'un cheval constituent sa *conformation*. La première impression est toujours importante. Le cheval convenant le mieux à un débutant doit être de taille moyenne, docile, ceci afin de mettre l'apprenti cavalier en confiance. Même si l'animal vous paraît séduisant et élégant, il n'est pas nécessaire qu'il soit un cheval de concours. De fait, ce dernier est un peu trop impulsif et ardent pour un débutant.

Considérez tout d'abord ses aspects physiques lorsque l'animal se tient naturellement en station. Le cheval doit être d'aplomb, c'est-à-dire en équilibre. Le genou est effacé, plat, creux ou renvoyé, lorsqu'il est en arrière. Lorsqu'il est en avant, il est brassicourt ou arqué. Ces tares affectent le soutien des réactions de l'avant-main.

Conformation

Les postérieurs doivent être bien conformés et pour ce faire posséder une jambe musclée — la partie de l'arrière-main située entre le grasset et le jarret — et un jarret bien développé. Le paturon ne doit être ni trop long ni trop court. Les paturons exagérément longs sont à l'origine de réactions trop élastiques, tandis que dans le cas inverse les réactions sont dures.

Il convient d'examiner les jambes d'un cheval sous toutes leurs faces, c'est-à-dire de devant, de profil et de derrière. Les membres ne doivent en aucun cas être obliques, car cette défectuosité affecte les allures du cheval. Les pieds sont extrêmement importants. Les paturons et les pieds des postérieurs, l'arrière-main étant le centre des forces impulsives, sont moins inclinés que ceux des antérieurs. La paroi du sabot doit être lisse et inclinée, depuis le bourrelet jusqu'au sol (voir dessin). L'inclinaison défectueuse du sabot traduit souvent d'anciennes affections du pied. On ne doit remarquer la présence d'aucune aspérité suspecte. La sole doit être bien conformée et comporter une fourchette bien développée.

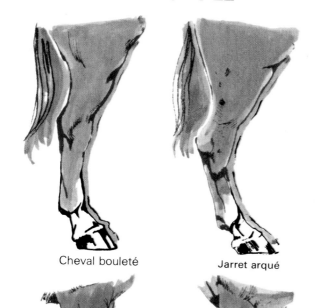

Cheval bouleté

Jarret arqué

Genou effacé
(ou plat, ou creux)

Brassicourt ou arqué

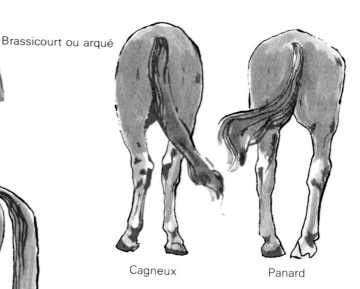

Cagneux

Panard

Dos ensellé

Fesse non descendue
Queue portée trop haut

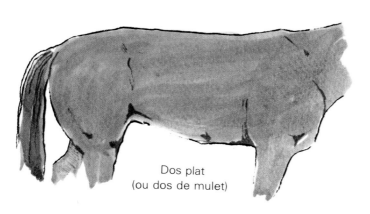

Dos plat
(ou dos de mulet)

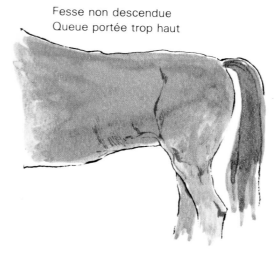

Des pieds étroits et verticaux constituent une grave défectuosité. Les sujets porteurs de ce défaut sont menacés de maladies osseuses lorsqu'ils vieilliront.

Un cheval bien conformé doit être pourvu d'une poitrine profonde, d'épaules et d'un garrot bien marqués.

Une arrière-main puissante et assez longue est préférable. Une arrière-main très courte, comme chez le cob, nuit à l'équilibre du galop.

La ligne de dessus, c'est-à-dire la ligne comprenant le garrot, le dos et le rein, est extrêmement importante. Cette zone doit être élevée vers le garrot. Un animal dont l'arrière-main est plus relevée et plus développée que l'avant-main, est désagréable à monter. Depuis sa naissance jusqu'à l'âge de cinq ans, le cheval se développe, et la plupart des animaux voient chaque année leur avant-main et leur arrière-main se développer alternativement. Il est par conséquent courant de rencontrer un cheval de trois ans doté d'une arrière-main plus relevée et plus développée que l'avant-main. C'est la raison pour la-

quelle il ne faut pas imposer de travail trop intensif à un animal de moins de cinq ans. Les chevaux ayant dépassé cet âge, si leur conformation est satisfaisante, doivent sembler bien équilibrés, c'est-à-dire s'inscrire dans un rectangle. Un cheval bien conformé et sain est vif et bien d'aplomb, et possède une tête et une encolure harmonieuses.

Lorsque vous examinerez un cheval, ne perdez jamais de vue que nous venons de décrire l'animal idéal. Avant tout, un cheval doit être sain, résistant et capable d'accomplir la tâche à laquelle on le destine. Rappelez-vous cependant que le cheval parfait n'a pas encore vu le jour. Bien qu'il soit souhaitable que la conformation d'un cheval se rapproche au maximum de la perfection, il importe davantage que l'animal soit robuste, docile, agréable à monter et sûr pour un débutant. Nombre de chevaux de concours, dotés d'une conformation frisant la perfection, ne conviennent absolument pas à la randonnée, au saut et aux activités diverses auxquelles vous souhaiteriez vous livrer.

Un cheval bien conformé.

Selles

Avant votre premier contact avec le cheval, il est indispensable que vous connaissiez le harnachement, c'est-à-dire les brides, les mors et les selles, que vous serez appelé à utiliser.

Trois types de selles sont actuellement d'un usage plus courant. La plus universellement employée est la selle anglaise, de forme simple, adaptée à toutes les disciplines équestres, et convenant par conséquent aux débutants. La selle à piquer, plus sophistiquée, découpée à l'avant et comprenant un emplacement pour les genoux du cavalier, est réservée aux sauteurs. La selle à la française, aux découpes droites, possède un large siège et permet au cavalier d'utiliser des étrivières plus longues ; elle offre ainsi une plus grande liberté d'action aux jambes. Il est indispensable que la selle soit adaptée non seulement au cavalier, mais encore à la monture.

Les selles doivent être l'objet d'un entretien quotidien si l'on souhaite les conserver souples et en bon état, et les coutures doivent être l'objet d'inspections minutieuses.

Il vous faut un porte-selle, un seau d'eau, un chiffon destiné à nettoyer le cuir, une peau de

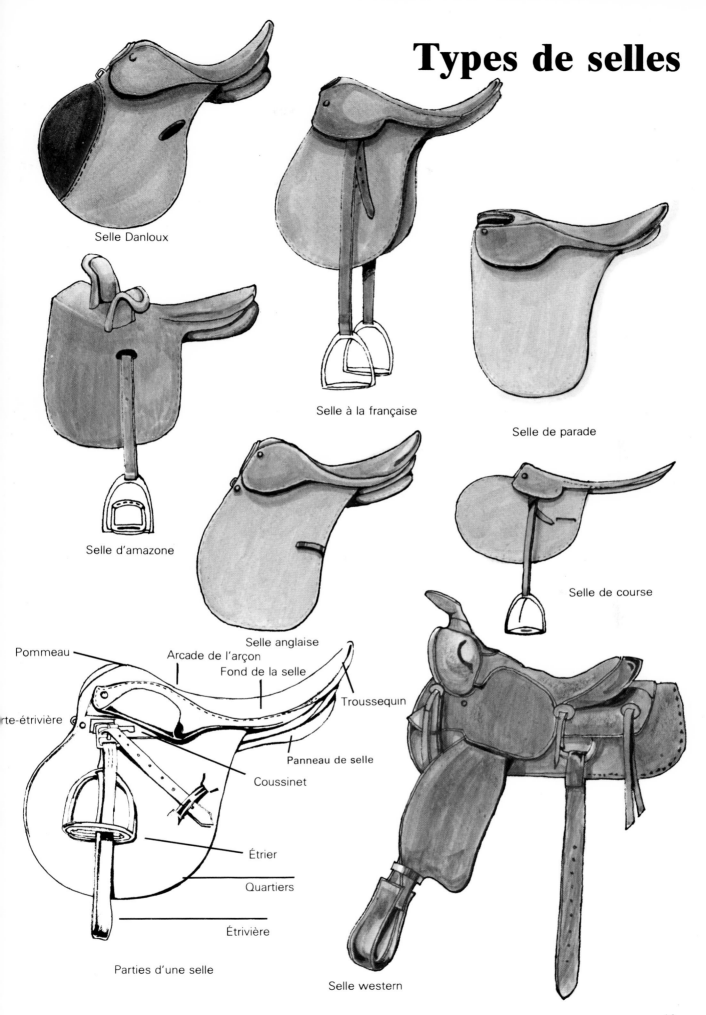

Types de selles

Selle Danloux

Selle à la française

Selle de parade

Selle d'amazone

Selle anglaise

Selle de course

Pommeau

Arcade de l'arçon

Fond de la selle

Troussequin

rte-étrivière

Panneau de selle

Coussinet

Étrier

Quartiers

Étrivière

Parties d'une selle

Selle western

13

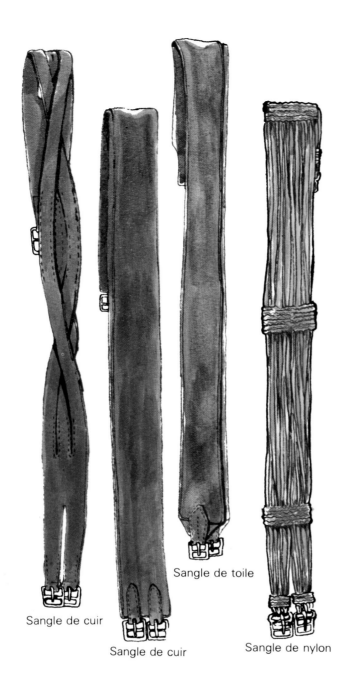

Sangle de cuir

Sangle de cuir

Sangle de toile

Sangle de nylon

L'entretien de la selle est primordial.

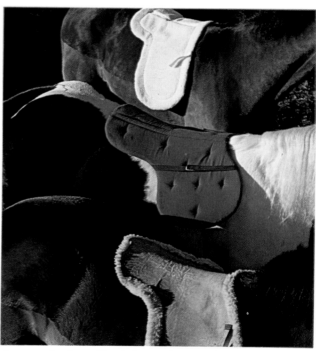

Les tapis de selle doivent être maintenus en parfait état de propreté.

chamois pour le sécher, deux éponges, du savon et un chiffon sec pour nettoyer les boucles, les étriers et les mors. Placez la selle sur le porte-selle et ôtez les étrivières. Cela fait, lavez la selle, les étrivières et les étriers à l'aide du chiffon humide, en veillant tout particulièrement à les débarrasser de toute tache de graisse ou de boue. Puis séchez le cuir avec la peau de chamois. Enfin, passez une éponge humectée d'une solution à la lanoline sur la selle.

Tapis de selle
Ce sont des couvertures, très souvent matelassées ou en peau de mouton, posées à plat sous la selle.

Ces objets sont particulièrement utilisés pour un cheval courbant l'échine au seul contact du cuir. Pour le dressage, ils assurent le maintien en position de la selle. Lors des épreuves de saut, la forte impulsion nécessaire à l'élan courbe le dos de l'animal de sorte que les tapis de selle assurent le confort constant du cheval. Le tapis de selle peut parfois être utilisé, temporairement, pour contrebalancer les effets d'une selle mal adaptée. Toutefois une selle doit s'adapter sans l'aide d'aucun tapis. Les couvertures de tissus synthétiques, tel le nylon, sont d'un entretien aisé. Par contre, la peau de mouton, plus confortable pour le cheval, nécessite plus d'entretien.

Étriers

Les étriers, de taille et de forme diverses, sont en acier inoxydable, métal résistant ne risquant pas de se briser. La taille des étriers doit être adaptée au pied du cavalier. Un étrier trop étroit risque de coincer le pied, tandis qu'un étrier trop grand ne maintient pas le pied ; l'étrier peut alors glisser jusqu'à la cheville, empêchant le pied de se dégager à l'occasion d'une chute. Lorsqu'il reste 1,25 centimètre de chaque côté du pied, l'étrier est bien adapté.

Il existe différents types d'étriers, les plus courants étant représentés ici.

Les étriers doivent être correctement réglés.

Brides et mors

La bride, composée de la monture, des rênes et du mors, porte le mors de bride et le mors de filet. Il existe trois types principaux de brides : le filet ou bridon, la bride double et la bride Pelham. Le filet, ou bridon, est le plus couramment utilisé, notamment pour l'entraînement quotidien, par les débutants, aussi bien avec des jeunes chevaux qu'avec des chevaux de chasse ou des sauteurs. Le bridon est le filet le plus doux.

Filet ou bridon.

Étrier standard

Étrier pour débutant

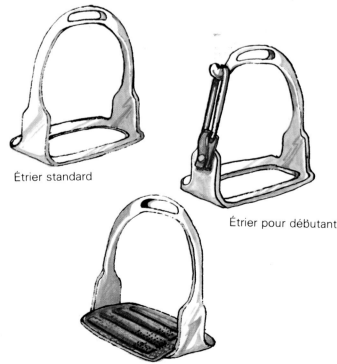

Étrier doté d'un plancher de caoutchouc

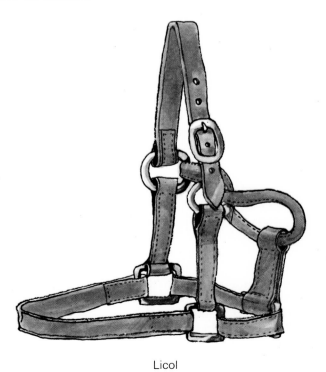

Licol

Types de brides

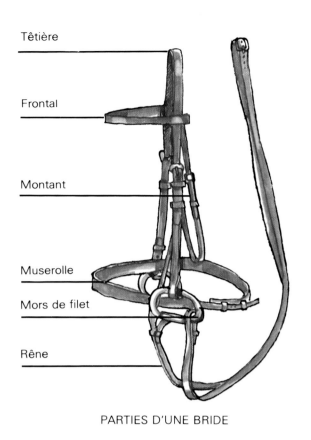

Têtière

Frontal

Montant

Muserolle

Mors de filet

Rêne

PARTIES D'UNE BRIDE

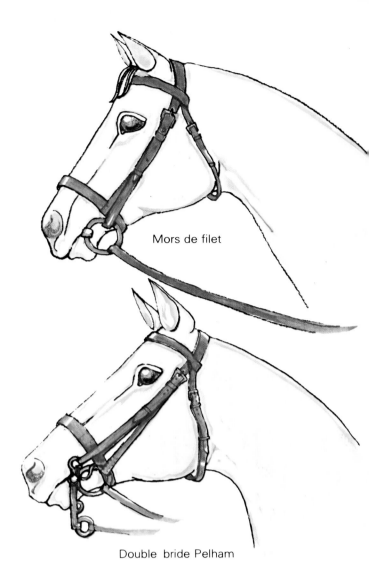

Mors de filet

Double bride Pelham

Le filet et le mors de filet

Le bridon se compose du frontal, qui est posé sous les oreilles, de la muserolle, généralement placée au-dessus du mors, à la hauteur de la barbe. La têtière est posée derrière les oreilles et passe de chaque côté de la tête, de sorte que les montants puissent y être fixés. Le mors de filet, fixé aux montants, est relié aux rênes par l'anneau porte-rênes. Le mors de filet, que porte la bride, agit sur la commissure des lèvres et tend à relever la tête du cheval. Il existe de nombreux types de filets : filet Chantilly, filet à olives, filet Verdun, filet à aiguilles, filet Billot et filet Baucher, filet de cuir, en acier inoxydable óu en caoutchouc.

Le filet de caoutchouc est un mors extrêmement doux, possédant une chaîne en son centre. Il s'adresse tout particulièrement aux jeunes chevaux à la bouche légère et nerveux sous le mors. Le filet Chantilly est un mors articulé pourvu d'anneaux fixes, qui réduisent les risques d'une bouche bavarde (lorsque le cheval mord le filet sans arrêt). Ce mors extrêmement courant convient à la majorité des chevaux. Le filet allemand est un mors léger, pourvu de canons comportant une liberté de langue et assez épais pour répartir la pression. La plupart des jeunes che-

vaux l'acceptent volontiers. Le bridon double possède des canons doublement articulés et s'adresse davantage aux sujets ayant une bouche trop sensible. Ce bridon offre une plus grande mobilité que le filet simple et convient tout à fait aux jeunes chevaux.

Il y a quelque trente ans, les chevaux à la bouche insensible ou dure étaient pourvus d'un filet comportant une seule articulation et des canons tors. Très dur, on ne le rencontre actuellement que dans quelques rares écoles d'équitation.

Les autres mors, le Pelham, le mors anglais, le mors l'Hotte, qui répondent à des besoins particuliers, sont utilisés pour la randonnée ou le saut, ou afin de remédier aux défauts de certains sujets.

Mise en place du mors

Le choix du mors dépend de plusieurs facteurs : la taille de l'animal, la forme de sa bouche, le travail auquel il sera soumis et l'habileté du cavalier. Le filet placé dans la bouche du cheval doit à peine relever les commissures des lèvres et en aucun cas ne susciter une gêne. Un mors articulé trop grand vient heurter les incisives sous l'action des rênes. Le mors doit être proportionné à la tête de l'animal.

Comment passer une bride

Glissez doucement les rênes.

Introduisez avec précaution le mors.

Bouclez la muserolle.

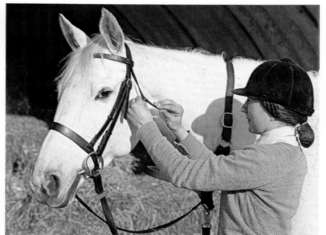

Vérifiez que les courroies sont à plat.

Types de mors

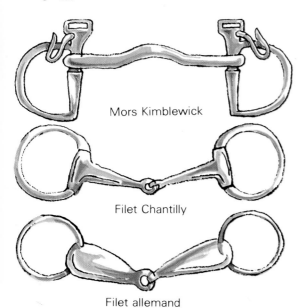

Mors Kimblewick

Filet Chantilly

Filet allemand

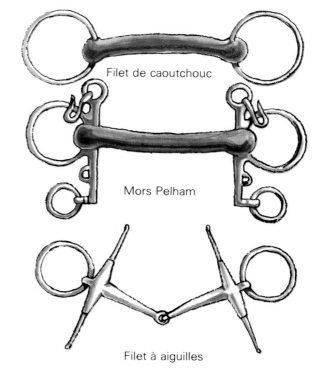

Filet de caoutchouc

Mors Pelham

Filet à aiguilles

17

Pansage

Le pansage, dont dépendent en grande partie l'apparence et la santé du cheval, est une opération capitale. Le cure-pied permet de débarrasser la sole de la boue et des cailloux qui s'y sont incrustés. La brosse de pansage, une brosse particulièrement dure, est plus recommandée pour les sujets vivant en plein air et pourvus d'une robe abondante, et permet de débarrasser le poil de la boue et des salissures. Toutefois la brosse de pansage ne doit être en aucun cas utilisée sur la crinière ou la queue, qu'elle risquerait d'endommager. La brosse douce débarrasse la robe, la queue et la crinière des pellicules et du sébum. L'étrille, qui permet de nettoyer la brosse de pansage, ne doit jamais être utilisée pour nettoyer le cheval. On humecte la queue et la crinière afin de remettre les poils en place et cela avant de les passer au peigne et à la brosse. L'époussette, chiffon de molleton, sert à lustrer la robe. Attention : les instruments de pansage sont faciles à égarer.

Actionnez toujours le cure-pied d'avant en arrière.

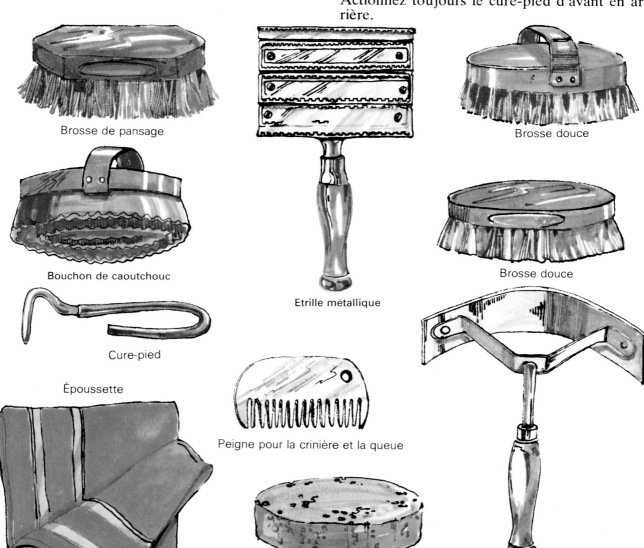

Brosse de pansage

Brosse douce

Bouchon de caoutchouc

Etrille métallique

Brosse douce

Cure-pied

Époussette

Peigne pour la crinière et la queue

Éponge

Couteau de chaleur

18

Commencez par la crinière, puis le long du corps.

Maintenez l'animal fermement.

Résultat final : un cheval pimpant.

Les premières leçons

On ne saurait trop insister sur l'importance d'un bon départ. L'adresse requiert la connaissance de techniques et la façon de les appliquer. Votre réussite future implique de la patience et de la sympathie de votre part auxquelles vient s'ajouter votre compréhension des mécanismes psychiques et physiques du cheval.

Il est indispensable, dès vos premières leçons, de vous adresser à une école d'équitation réputée qui mettra à votre disposition un instructeur qualifié. Si vous hésitez entre plusieurs, allez les visiter en compagnie d'une personne expérimentée. Recherchez des animaux bien soignés, gais, amicaux mais cependant solides, et des instructeurs méthodiques. Nul besoin de dispositifs spectaculaires, toutefois il est indispensable que vous disposiez d'un terrain clos où vous pourrez vous entraîner toute l'année. Demandez également s'il vous sera possible de faire des promenades ultérieurement.

Demandez s'il vous sera possible de prendre quelques leçons particulières, notamment au dé-

21

Manière correcte de porter une selle.

Saisissez les rênes de la main gauche.

Monter

Vérifiez que la selle est bien fixée avant de mon

Démonter

Lancez la jambe droite par-dessus le cheval.

but de votre apprentissage, ce qui vous permettra de mieux faire connaissance avec le cheval et l'instructeur. La confiance doit s'instaurer dès les premiers instants. La nervosité est souvent à l'origine de mauvaises habitudes extrêmement difficiles à faire disparaître par la suite.

Malgré toutes les précautions, il peut vous arriver de tomber. Aussi convient-il de vous vêtir en fonction d'éventuels incidents de cet ordre. Adressez-vous à un magasin spécialisé où vous trouverez une bombe, dotée ou non d'une jugulaire, et ne risquant pas de tomber à tout instant. La culotte ou jodhpur n'est pas indispensable pour les premières leçons, toutefois la bande de cuir, qui la renforce, prévient toute irritation que le port d'un pantalon de toile ne peut éviter. Nous ne saurions trop recommander le port de bottes, qui offrent une meilleure protection. Toutefois, si vous les jugez trop onéreuses pour un débutant, une paire de bottillons lacés et à semelles de cuir convient pour les débuts.

Ne manquez pas d'observer les cavaliers plus expérimentés. Les premières leçons ne durent généralement pas plus d'une demi-heure, un temps suffisant pour vous donner le sens de l'équitation

...z le pied gauche sur l'étrier gauche.

Élancez-vous légèrement en selle.

...sez-vous glisser, les rênes toujours en main.

Retombez fermement sur les deux pieds.

et un temps assez court pour vous éviter les courbatures.

Mieux vaut que les douze premières leçons soient à intervalle rapproché, par exemple trois fois par semaine, mais pas moins d'une fois par semaine. Cet arrangement est préférable à de longues leçons séparées par un délai trop long. Demandez à votre instructeur l'autorisation de préparer le cheval, et cela afin de vous apprendre à panser, brider, seller, en un mot à manipuler le cheval. Certains instructeurs consacrent bien volontiers trois quarts d'heure à leurs élèves, à seule fin de leur permettre de reconduire le cheval à l'écurie. Cette pratique constitue un excellent entraînement et est plus enrichissante que l'habitude consistant à vous amener l'animal dès le début de la leçon et à vous en débarrasser le cours achevé.

Monter et mettre pied à terre

Votre première leçon sera consacrée à la façon de monter sur le cheval et de mettre pied à terre. Vérifiez que le cheval se tient carrément sur ses quatre jambes ; vérifiez également la position de la sous-ventrière et resserrez-la si nécessaire. Prenez les rênes de la main gauche, glissez le pied gauche dans l'étrier, votre corps tourné vers la croupe de l'animal. De la main droite, saisissez le troussequin de la selle, puis lancez votre jambe droite par-dessus le corps de la monture.

Pour descendre, ôtez d'abord vos pieds des étriers. Maintenez les rênes de la main gauche et saisissez le pommeau de la selle de la main droite. Lancez votre jambe droite en arrière, faites-la passer par-dessus le dos du cheval et retombez légèrement sur le sol.

L'assiette

On ne saurait trop insister sur la position que doit adopter le cavalier en selle. L'assiette est un mélange d'équilibre, de souplesse et, dans une moindre mesure, de fixité. Le cavalier, le buste droit, doit être assis très en avant dans la selle. La bonne position d'un cavalier vu de profil pourrait être schématisée par deux lignes droites, l'une verticale reliant l'oreille, les épaules, les hanches et les talons du cavalier, et l'autre reliant le coude, la main et le mors par l'intermédiaire de la rêne.

L'étrivière doit être assez longue pour vous permettre de reposer votre pied sur l'étrier, la jambe restant inclinée sans raideur toutefois. Comment déterminer la longueur correcte de l'étrivière ? Placez-vous à côté de la monture et posez votre poing sur la boucle de la sangle : mesurez la longueur de l'étrivière et de l'étrier, le long de votre bras, jusqu'à l'aisselle.

A mesure que s'accroît votre expérience, vous n'aurez aucune difficulté pour trouver la longueur correcte des étrivières, une fois que vous serez en selle.

La tenue des rênes

Généralement, les rênes sont tenues des deux mains. Lorsque vous êtes assis sur le cheval, la boucle médiane des rênes doit se trouver à la hauteur du garrot. Placez la main gauche à l'extrémité de la rêne gauche et la droite à l'extrémité de la rêne droite. Passez vos doigts au-dessus des rênes, de sorte que les pouces soient posés au-dessus et tournés vers l'avant, la boucle formée par l'extrémité des rênes tombant à droite du cheval. Peut-être préférerez-vous placer les rênes entre les petits doigts et les annulaires ; cela est également admis.

Position correcte en selle.

Les aides

Les aides sont les moyens de communication entre le cavalier et sa monture. Ce langage vous permet de tenir une véritable conversation avec votre cheval. Le degré du langage dépend du niveau du cheval mais aussi de son tempérament et de sa réceptivité. Certains animaux paresseux requièrent des aides plus appuyées, tandis que des chevaux plus sensibles répondront à une pression moindre.

On distingue les aides naturelles et les aides artificielles.

AIDES NATURELLES

La voix, les mains, les jambes et le poids du corps constituent les aides naturelles. Elles agissent soit seules (indépendance des aides), soit de concert (leur accord).

La voix

Bien entendu, votre voix constitue un moyen de communication. Les chevaux sont très sensibles à la voix humaine. On l'utilise surtout lors du travail à la longe. Un ton calme apaise et encourage le cheval, tandis qu'une intonation sèche et dure le réprimande.

Les mains

Les mains ont pour fonction essentielle de diriger et de contrôler la monture. Aussi convient-il de ne jamais tirer sur les rênes, mais de conserver un contact égal. Il leur arrive également de résister. La rêne extérieure ou rêne de filet contrôle l'allure, tandis que la rêne intérieure, ou rêne de bride, donne la direction. Votre main doit rester indépendante du reste de votre corps, de sorte qu'elle demeure à l'abri de tout mouvement involontaire. L'action des mains doit demeurer aussi discrète que possible. Vos doigts maintiennent les rênes tandis que votre bras reste dans l'alignement du mors, de la rêne de la main et du coude.

Les jambes

Les jambes suscitent l'impulsion, c'est-à-dire la force propulsant le cheval en avant, et contrôlent également l'arrière-main.

Le poids du corps

Le cavalier en portant son poids latéralement, en avant ou en arrière, modifie l'équilibre et l'allure du cheval. La pesée, pour être efficace, doit s'exercer dans le sens du mouvement demandé, et cela par l'intermédiaire de la répartition du poids du cavalier sur les fesses. Vous devez vous efforcer d'adhérer autant que possible à la selle, pour être ainsi en contact plus étroit avec l'animal, pour votre plus grand profit.

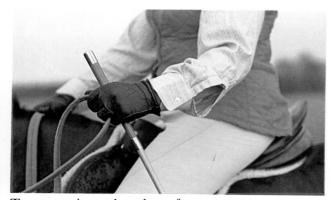

Tenez toujours les rênes fermement.

L'action des mains est capitale.

Les jambes incitent le cheval à avancer.

Types de cravaches

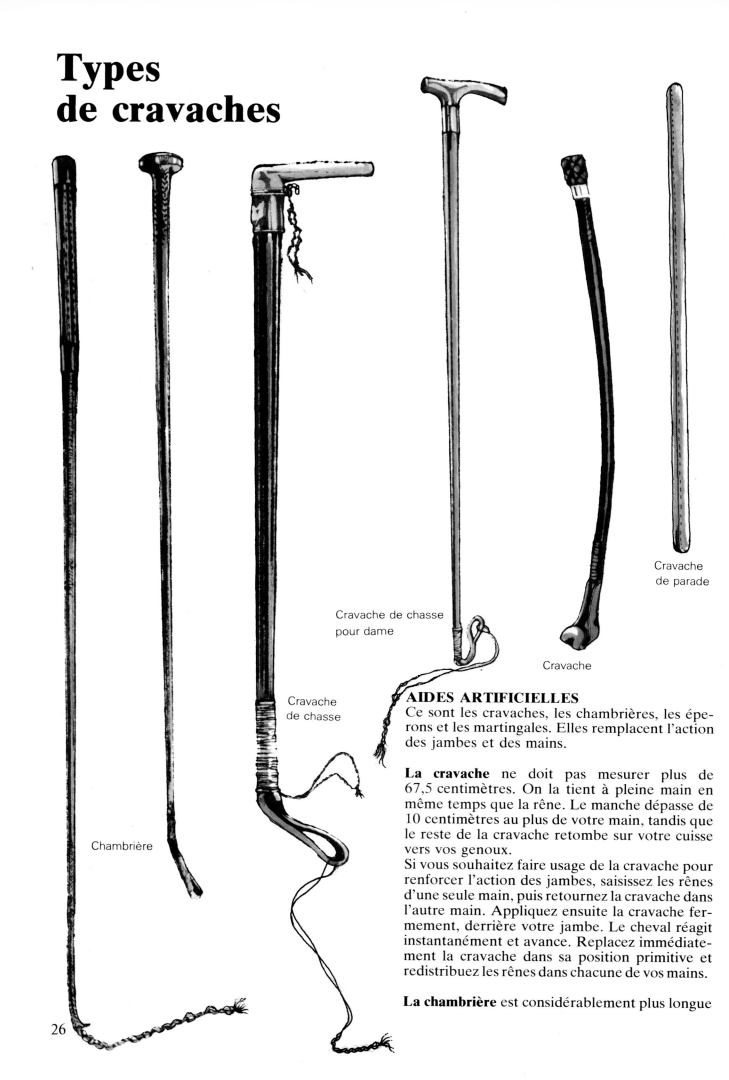

Cravache de chasse pour dame

Cravache de parade

Cravache de chasse

Cravache

Chambrière

AIDES ARTIFICIELLES
Ce sont les cravaches, les chambrières, les éperons et les martingales. Elles remplacent l'action des jambes et des mains.

La cravache ne doit pas mesurer plus de 67,5 centimètres. On la tient à pleine main en même temps que la rêne. Le manche dépasse de 10 centimètres au plus de votre main, tandis que le reste de la cravache retombe sur votre cuisse vers vos genoux.
Si vous souhaitez faire usage de la cravache pour renforcer l'action des jambes, saisissez les rênes d'une seule main, puis retournez la cravache dans l'autre main. Appliquez ensuite la cravache fermement, derrière votre jambe. Le cheval réagit instantanément et avance. Replacez immédiatement la cravache dans sa position primitive et redistribuez les rênes dans chacune de vos mains.

La chambrière est considérablement plus longue

Types de martingales

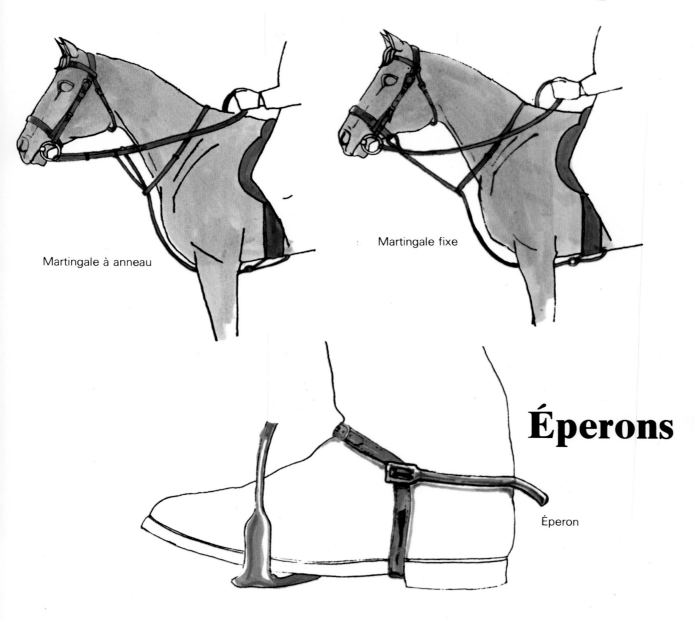

Martingale à anneau

Martingale fixe

Éperons

Éperon

que la cravache. Elle est utilisée pour habituer le cheval à répondre convenablement aux aides. On la tient de la même manière que la cravache. Toutefois, en raison de sa dimension, un mètre environ, elle dépasse de votre cuisse, de sorte que d'un léger mouvement du poignet vous avez la possibilité de fortifier l'action de la jambe sans devoir lâcher la rêne. La chambrière est d'un maniement plus délicat et ne s'adresse qu'à des cavaliers confirmés. La main d'un débutant trop mal assurée risque, par inadvertance, de la faire entrer en action à un moment inopportun.

Les éperons
Les éperons ne doivent être utilisés que par des cavaliers confirmés. Ils ont pour but de faire répondre le cheval à l'aide la plus légère.

Les martingales
Il existe deux types principaux de martingales : la martingale fixe et la martingale à anneaux. Toutes deux empêchent le cheval de « porter au vent » ou « d'encenser ».

La martingale fixe est fixée à la sous-ventrière et est reliée à la muserolle. Sa longueur doit lui permettre de n'entrer en action que lorsque le cheval relève trop la tête. **La martingale à anneaux** est également fixée à la sous-ventrière. A son autre extrémité, elle se divise en deux branches, chacune s'achevant par un anneau. Ces ànneaux passent autour des rênes. Une fois encore, la martingale n'agit que lorsque le cheval relève trop la tête. Ce type de martingale est particulièrement utile pour le saut.

L'application des aides permet au cavalier de contrôler sans cesse sa monture.

Application des aides

Le cheval sera initié aux aides les plus simples à l'écurie, lorsqu'au moment de le panser ou de le harnacher l'animal doit être appelé à se déplacer dans son box. La façon la plus simple d'inciter le cheval à tourner consiste à exercer une légère pression de la main sur son flanc en accompagnant ce geste de la voix. Le cheval associe bientôt la pression et la voix, et comprend vite la signification de ce mot. Lorsque le cheval a compris, il convient de le récompenser par une parole ou une friandise.

Avant de dresser le cheval à comprendre le sens des aides et à y répondre convenablement, il convient que vous ayez adopté une position correcte de sorte que vos jambes et mains agissent indépendamment les unes des autres ; ils ne servent plus à équilibrer le reste de votre corps. Des mouvements involontaires de vos mains et de vos bras déroutent le cheval. Aussi nous ne saurions trop insister sur l'importance de l'assiette, sans laquelle toute équitation est impossible.

L'arrêt
Demeurez immobile sur votre selle, les épaules très en arrière. Serrez les deux jambes contre les flancs du cheval et résistez sur les rênes. Lorsque le cheval s'arrête, relâchez votre main et maintenez l'animal dans cette position pendant quelques instants.

Mettre le cheval en marche
Afin d'inciter le cheval à se mettre en marche, gardez le dos droit, frappez légèrement la sangle de vos jambes et rendez la bride au cheval, cela afin de permettre à ce dernier d'avancer. Toutefois lorsque le cheval avance, ne relâchez pas totalement toute pression. Pendant tout ce temps, vous devez conserver le dos droit, le regard haut, les bras souples, les coudes pliés de

sorte que vos bras, vos mains et la bouche du cheval soient placés en ligne. Vos genoux doivent être pliés, vos jambes pressées contre l'abdomen du cheval et vos talons dirigés vers le sol. Si vous voulez accélérer l'allure, appliquez alternativement vos jambes sur les flancs du cheval.

Tourner vers la droite
Ici les aides s'exercent en diagonale. Cela signifie que votre jambe droite s'appuie sur la sous-ventrière, tandis que la jambe gauche se trouve derrière la sous-ventrière. Le cheval est contraint de tourner à droite, la rêne gauche étant la rêne d'ouverture. Qu'il s'agisse de tourner à droite ou à gauche, il convient de laisser un certain temps au cheval pour comprendre le signal. Tous les chevaux sont sensibles au poids de leur cavalier, aussi convient-il dans ce cas de porter l'assiette vers la droite. Maintenez vos épaules parallèles au cheval. Cela permettra à l'animal de conserver son équilibre et ainsi d'obéir à la commande.

Un virage à droite parfait

Dirigez le cheval vers la droite.

Jambe droite sur la sangle, gauche en arrière.

Épaules parallèles à celles du cheval.

Appliquez votre poids dans la bonne direction.

29

Trot

Ces quatre illustrations permettent d'observer l'action diagonale de la jambe du cheval lors du trot.

Galop

Ces quatre illustrations représentent les phases du galop, une allure à trois temps.

Le trot enlevé

Le trot est une allure diagonale à deux temps. On trotte soit sur le pied gauche soit sur le pied droit. Au trot, le cavalier est assis sur un temps et debout sur un autre temps (le temps correspond au déplacement d'un diagonal). Tout d'abord il est possible que vous ayez quelques difficultés à trouver votre équilibre et à vous enlever. Il est important que les mains restent immobiles, à seule fin de ne pas blesser la bouche de l'animal. Votre jambe est immobile, le genou plié et le talon dirigé vers le sol. Vos jambes adhèrent à la sangle. Il n'est pas inutile d'observer un cavalier confirmé en action, afin de bien enregistrer les mécanismes de cette allure. Essayez tout d'abord de ne pas trop vous enlever, mais laissez-vous plutôt enlever par les réactions du cheval.

Le trot assis

Pour le trot assis, il vous faut conserver la même attitude en selle que vous adoptez pour le pas ou l'arrêt. Restez assis au milieu de la selle, le buste légèrement penché en avant.

Le trot assis est utilisé à l'occasion de tous changements d'allure, c'est-à-dire du pas au trot, du trot au galop, du galop au trot et du trot au pas.

Les aides au trot

A ce stade, tout changement d'allure doit être progressif. Ainsi, si vous souhaitez que votre point de départ soit l'arrêt, le processus sera le suivant : arrêt, pas, trot. Par conséquent, les aides pour le trot s'exercent à partir du pas. Demeurez immobile et droit en selle, maintenez le contact avec la bouche du cheval et appuyez fermement

les jambes, afin d'inciter le cheval à se mettre au trot. Au trot assis, vous adhérez mieux à la monture et êtes par conséquent en mesure d'appliquer plus efficacement les aides.

Le galop

Le galop classique est une allure sautée, basculante, à trois temps. Dans le galop à gauche, l'ordre du poser est le suivant : postérieur droit — diagonal droit c'est-à-dire antérieur droit et postérieur gauche — antérieur gauche. Le cheval galope sur le pied gauche (lorsque l'antérieur gauche est en avant du droit) ou sur le pied droit. Au galop maintenez-vous droit et assis carrément sur votre selle, comme pour l'arrêt, le pas ou le trot assis. Vous vous apercevrez que le galop est une allure très agréable. La tête du cheval se meut de haut en bas et vous devez favoriser ce mouvement en maintenant un léger contact avec la bouche du cheval.

Les aides au galop

Tout d'abord, adoptez le trot assis et observez une position correcte en selle. Puis placez le cheval dans la direction voulue en le dirigeant avec la rêne de bride (intérieure) en plaçant votre jambe gauche sur la sangle et la jambe droite derrière la sangle. La rêne de filet (extérieure) maintient l'équilibre. Appliquez fermement les jambes contre le cheval qui aussitôt se mettra au galop dans la direction voulue. Aides pour un galop à droite :

Jambe gauche derrière la sangle.

Rêne gauche équilibrant et renforçant l'action de la droite.

Les deux jambes fermement appuyées en avant.

Les aides sont inversées pour un galop à gauche.

Effets des mains

Position correcte des mains et des rênes.

Façon incorrecte de diriger le cheval.

Les mains résistent lorsque le cheval ralentit.

Les mains rendent lorsqu'il s'approche d'un obstacle.

Effets des mains

Vos mains constituent des aides très importantes, il est par conséquent indispensable de vous efforcer d'acquérir une bonne main. Les mains ont trois fonctions essentielles : elles agissent, elles résistent et elles cèdent. Les mains, par l'intermédiaire des rênes et du mors, tendent à freiner l'impulsion que les jambes provoquent. Elles guident et contrôlent également le mouvement, les épaules, l'encolure et la tête du cheval.

Elles agissent : elles contribuent à donner la direction du mouvement par l'intermédiaire des rênes.

Elles résistent : les mains résistent lorsqu'il est nécessaire de ralentir l'allure du cheval. Elles résistent lorsqu'il s'agit de distribuer l'impulsion venue de l'arrière vers l'avant.

Elles cèdent : la main cède lorsque le cheval répond convenablement à vos instructions. La main s'allège et laisse le cheval poursuivre. Après une séance d'entraînement, la main cède afin de permettre au cheval d'étirer sa tête et son encolure, et ainsi de se décontracter. A mesure que votre expérience s'accroît et que vous commencez à sauter, la main cède afin d'offrir à la tête et à l'encolure du cheval une plus grande liberté d'action, au moment du passage des obstacles.

Le manège

C'est l'endroit où vous et votre cheval recevrez probablement vos premières leçons. Un terrain d'entraînement couvert constitue l'idéal, car il permet au cavalier de monter par tous les temps et de ne pas risquer d'être distrait, toutefois ce n'est pas indispensable.

L'angle d'un champ, de préférence bordé par une haie ou un mur sur un côté, les trois autres n'étant délimités que par des tonneaux ou des caisses, constitue un manège tout à fait convenable. Toutefois, pour vos première leçons, un enclos authentique, doté de clôtures sur ses quatre côtés, est préférable. Nombre d'écoles d'équitation possèdent un manège au sol recouvert de sable et fermé par des piquets ou une palissade. Ce terrain doit mesurer 20 × 40 mètres. Quelques repères peints peuvent aider le novice.

Le manège doit toujours présenter un plan rectangulaire afin qu'il soit possible d'y décrire des cercles, d'y tourner et de s'y déplacer en ligne droite. La combinaison des différentes figures varie le travail et vous permet de mettre en pratique et d'améliorer la coordination des aides. Lorsqu'on travaille sur le manège, la rêne la plus proche du centre du manège est dite intérieure, celle se trouvant du côté du mur ou de la clôture est dite extérieure. Dans toutes les figures de manège, le cavalier doit porter son regard dans la direction du mouvement.

Le tourner : en premier lieu, vous devez absolument porter votre regard dans la direction du mouvement avant d'appliquer les aides. La rêne intérieure transmet au cheval le sens de la direction, tandis que votre jambe intérieure maintient l'impulsion. La rêne extérieure, qu'on rapproche de la rêne intérieure, renforce l'action de cette

Décrire un cercle

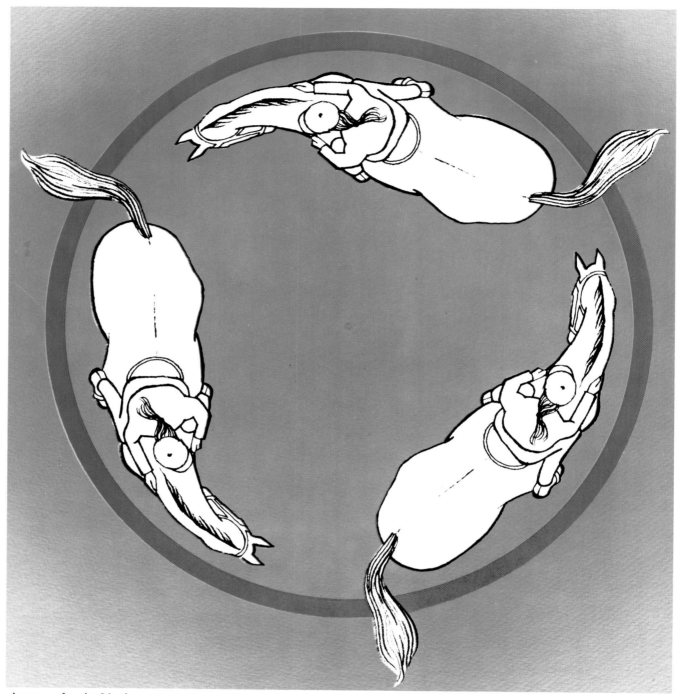

Apprendre à décrire un cercle est l'une des phases les plus importantes de l'équitation primaire.

dernière, mais ne doit pas venir se croiser avec celle-ci sur l'encolure du cheval. Votre jambe extérieure contrôle l'arrière-main.

Le cercle : il est capital d'apprendre à décrire correctement un cercle, cette figure constituant le fondement de tout travail futur. Le cheval est tout d'abord placé dans la direction du cercle, incurvé dans le sens qu'il doit emprunter, votre jambe intérieure étant placée sur la sangle et cela afin de contrôler l'arrière-main. La rêne extérieure fait tourner le cheval vers le centre et règle l'allure.

Les premiers cercles ne doivent pas avoir un diamètre supérieur à 20 mètres. A mesure que votre expérience s'accroît, vous pouvez tenter de décrire des cercles au diamètre de plus en plus réduit (15 mètres, 12 mètres puis 10 mètres).
Marcher en ligne droite constitue un exercice difficile pour vous et votre cheval. Les aides doivent être si bien maîtrisées que le cheval ne doit jamais être tenté de balancer son arrière-train à droite ou à gauche. La jambe arrière gauche doit suivre la même trajectoire que la jambe antérieure gauche. Il en va de même pour les pieds droits. Il est très important que vous soyez assis

Le huit de chiffre

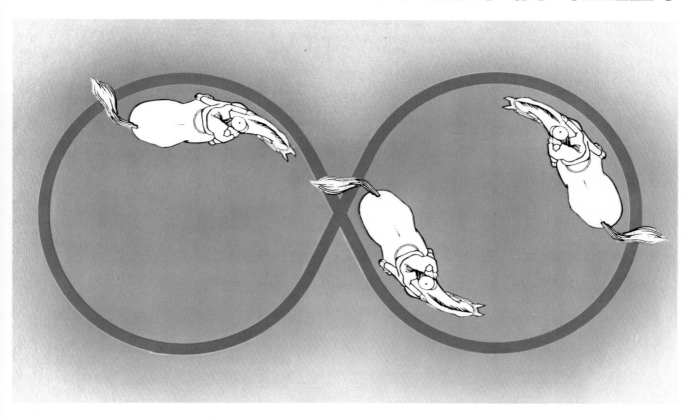

Apprenez à décrire un huit de chiffre, au pas tout d'abord.

au centre de la selle, la tête droite, vos hanches et les épaules parallèles à celles de votre monture. L'action que vous exercez sur chaque rêne doit être égale et vos deux jambes doivent s'appliquer avec une fermeté identique sur les flancs du cheval.

Dès que vous maîtrisez les voltes et les cercles les plus simples, il est temps pour vous d'envisager de vous consacrer à des figures plus complexes. Le manège et la position exacte de ses pistes vous sont devenus plus familiers, de même que les termes particuliers qui leur sont appliqués.

Les pistes : le manège possède deux pistes, une extérieure (le long du mur), une intérieure (à 1,50 m des murs, vers le centre).

La reprise de manège est un groupe de cavaliers dirigé par un maître d'équitation. Le travail en reprise s'exécute soit à *distances déterminées,* soit à *distances indéterminées.* Dans le premier cas, chacun travaille à une distance déterminée de l'autre, dans le second cas, chacun évite de gêner son voisin le plus proche. Le chef de file est le premier cavalier du groupe qui connaît les figures et règle l'allure, généralement le plus expérimenté de la classe.

Marcher à main droite ou à main gauche : vous marchez à main droite lorsque vous et votre cheval tournez à droite, c'est-à-dire dans le sens des aiguilles d'une montre, votre main droite dirigée vers le centre du manège. Vous marchez à main gauche, lorsque vous exécutez le mouvement inverse.

Changer de main : lorsqu'on change le sens de la marche. Le changement de main s'effectue en diagonale.

Les serpentines sont des lignes brisées sinueuses décrites sur le manège. Elles constituent un excellent exercice améliorant la souplesse et l'équilibre du cheval, et vous donnant l'occasion de perfectionner l'application des aides. Les serpentines peuvent être constituées de plusieurs boucles, parfois quatre ou cinq. Elles peuvent être amples ou plus serrées, être décrites d'une piste à l'autre ou le long de la ligne médiane.

Le huit de chiffre est un exercice exigeant obéissance et souplesse de la part de la monture. Il peut être décrit au pas, au trot ou au galop. Avant de mettre le cheval au galop, il est nécessaire d'adopter les allures intermédiaires que

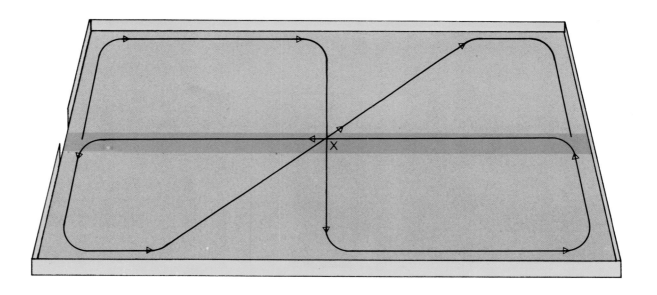

Changement de main.

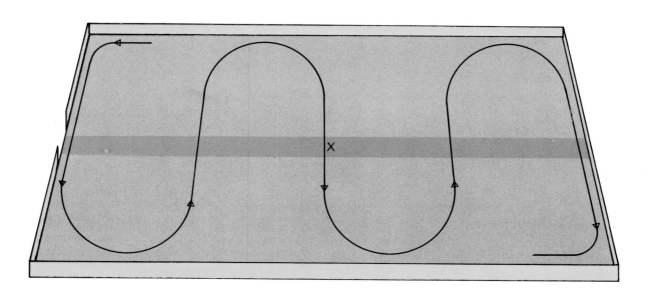

Serpentine.

sont le trot et le pas. Toutefois, mieux vaut s'entraîner au préalable au pas. Il s'agit alors de décrire un huit dont les deux boucles sont d'un diamètre égal à celui de la volte, c'est-à-dire 6 mètres. A cette occasion, on doit opérer des changements de main successifs dans le cercle ou dans la traversée du manège.

Le doubler : le cavalier et sa monture quittent la piste perpendiculairement au mur, traversent le manège, puis gagnent la piste longeant le mur opposé.

La volte : cercle de 6 mètres de diamètre, exécuté sur le grand côté du manège.

La demi-volte est une volte incomplète, grâce à laquelle le cavalier regagne la piste en oblique, à main opposée.

Exercices musicaux

Lorsque vous avez acquis une certaine expérience, ces exercices, une série de figures de manège exécutées en enchaînement, sont extrêmement divertissants. La musique non seulement relâche votre tension, mais encore développe votre sens du rythme. Ces exercices requièrent une grande précision, des réactions promptes et un travail d'équipe. Cette discipline améliore l'équilibre et développe une meilleure coordination des aides.

Le travail sans étriers permet d'acquérir une excellente assiette.

Le travail sans étriers

Au manège, et dès vos premières leçons, vous devez vous efforcer d'acquérir de l'assiette : le travail sans étriers constitue un moyen très efficace d'acquérir cette qualité indispensable. Étirer vos jambes vous permet de décrisper hanches, reins et cuisses. L'assiette, qui résulte de cette décontraction générale, une fois acquise, vous permet d'appliquer plus efficacement et plus judicieusement les aides. Toutefois, lors du travail destiné à acquérir l'assiette, veillez à ne pas trop abuser du travail sans étriers. A la première leçon, deux ou trois minutes suffisent. La durée de telles séances augmente à mesure que votre confiance et votre expérience s'accroissent. Lors de la première phase d'apprentissage, vous ne devez jamais travailler sans étriers plus de 20 minutes. Les exercices musicaux sans étriers améliorent considérablement votre équilibre et votre assiette d'une manière plaisante. Ne commencez jamais une leçon par le travail sans étriers, car il vous faut attendre, pour ce faire, que le cheval ait eu le temps de décontracter son dos, ce qui ne se produit qu'au terme d'une dizaine de minutes.

Premières leçons.

37

Travail à la longe

Quelques-uns des exercices simples pouvant être exécutés à la longe.

Le travail à la longe

Le travail à la longe constitue le meilleur moyen d'acquérir de l'assiette, d'améliorer son équilibre et sa position en selle et d'acquérir le tact de l'assiette, qui vous permet de capter les moindres vibrations du cheval. Le travail à la longe vous permet de prendre mieux conscience de vos moindres défauts et d'apprendre à les corriger, sans avoir à diriger le cheval qui, bien entendu, doit faire montre de docilité et de souplesse.

L'instructeur dirige le cheval qui décrit de grands cercles autour de lui.

Il convient de ne pas trop prolonger de telles séances avant que vous n'ayez acquis une certaine expérience ; 20 minutes de travail à la longe chaque jour constituent le meilleur moyen d'acquérir une position correcte en selle. Si vous ne pouvez respecter ce rythme, deux ou trois séances hebdomadaires vous permettront de vous améliorer sensiblement. Des exercices simples développeront votre souplesse et vos qualités physiques, vous aideront à coordonner vos mouvements et à acquérir de l'assiette.

L'instructeur doit indiquer la position correcte que vous devez conserver à l'arrêt et au pas, avant de commencer à travailler au trot. Presque tout le travail à la longe se pratique sans étriers. Le travail au trot ne doit pas être envisagé avant que le cavalier n'ait acquis toute confiance au pas. Tenez le pommeau de la selle à deux mains sans vous crisper, jusqu'à ce que vous vous sentiez en confiance. Peu à peu, à mesure que vous acquérez un meilleur équilibre et que vous sentez mieux le cheval, ne vous tenez plus que d'une seule main, puis d'un seul doigt, jusqu'à ce que l'équilibre et la confiance soient tels que vous soyez capable de suivre les mouvements du cheval sans devoir vous retenir.

Ces exercices n'impliquent nullement des efforts désespérés pour maintenir à tout prix votre équilibre : si à un moment quelconque de la leçon vous perdez l'équilibre, n'hésitez pas à poser vos mains sur le pommeau de la selle, afin de retrouver une position correcte.

Une ferrure adaptée est de la plus haute importance.

Une journée chez le maréchal-ferrant

Le maréchal-ferrant consacre toute son attention aux pieds du cheval, la corne du sabot ne cessant de pousser. Un cheval travaillant beaucoup sur route aura besoin de changer fréquemment de fers tandis qu'un animal travaillant sur un terrain meuble, dans des allées cavalières, dans les champs ou sur le manège, sera ferré moins souvent ou même pas du tout. Tous les mois environ, que le cheval ait besoin de ferrures nouvelles ou non, le maréchal-ferrant doit ôter les fers et parer le sabot, c'est-à-dire le mettre en état en égalisant la corne. Si les fers ne sont pas usés, il les replacera, toutefois il utilisera pour ce faire des clous neufs. Cette opération s'appelle la parure.

Si le cheval est soumis à un travail intensif, il se peut que sa ferrure doive être remplacée toutes les trois semaines. Il arrive également qu'une visite chez le maréchal-ferrant s'impose plus tôt que prévu, si le cheval perd l'un de ses fers par exemple. Nombre de signes indiquent que le cheval a besoin d'être ferré. Un fer branlant se remarque aisément lors des séances de pansage et produit un son particulier sur route. Une ferrure uniformément usée diminue l'adhérence du cheval au sol. La ferrure peut encore être usée à certains endroits tels que la pince, le talon ou le quartier.

Afin de mieux réaliser l'importance de cette opération, il est nécessaire de connaître la structure du pied du cheval. La paroi du pied est constituée d'une substance cornée, résistante, produite par le bourrelet principal et qui ne cesse de pousser. La sole est la face inférieure du sabot et protège cette partie du pied. La fourchette qui appartient également au plancher est située vers le talon. Cette partie solide et élastique a pour office d'empêcher le sabot de glisser. Elle amortit également les trépidations trop brutales qui ébranleraient la jambe, notamment lorsque l'animal travaille sur le sol dur. La paroi externe du sabot est solide et non innervée. La paroi et la sole sont séparées par une ligne d'union où le maréchal-ferrant ne doit en aucun cas planter ses clous. Nous ne saurions par conséquent trop insister sur l'importance du maréchal-ferrant.

Parties du sabot.

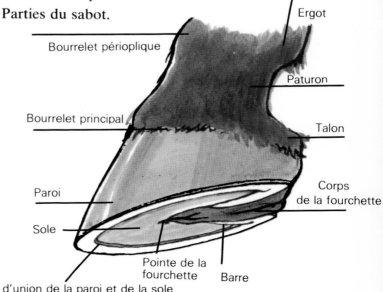

Ergot

Bourrelet périoplique

Paturon

Bourrelet principal

Talon

Paroi

Corps de la fourchette

Sole

Pointe de la fourchette

Barre

Ligne d'union de la paroi et de la sole

La promenade

Les promenades hors du manège ou de l'école sont indispensables à votre progression, mais toutefois ne doivent être envisagées que lorsque vous serez totalement familiarisé avec les différentes allures.

Le cheval doit être sûr et obéissant, aussi bien sur route qu'à travers champs. Cette activité plaît davantage au cheval, qui fait montre de plus d'entrain. De votre côté, cela vous permet de vous décontracter tout en admirant le paysage. En même temps les terrains accidentés, en vous contraignant à acquérir un équilibre naturel, au pas, au trot, puis au galop, améliorent considérablement votre technique.

Les chevaux sont naturellement gloutons et certains n'hésitent pas à tirer sur les rênes afin de plonger le nez dans l'herbe ou dans les haies. Un enrênement particulier est prévu à cet effet. Les rênes supplémentaires reliant le mors à la têtière, puis à la selle, ne doivent pas être trop serrées, mais tout juste assez longues pour empêcher le cheval de baisser la tête et d'ainsi être tenté de brouter. Les chevaux ne doivent en aucun cas manger lorsqu'ils sont en promenade à l'extérieur. En effet, les bas-côtés de la route ou les haies risquent de comporter des plantes vénéneuses ou des détritus dangereux, ou d'être recouverts de substances chimiques nocives. L'absorption d'herbe au cours du travail peut, d'autre part, déclencher des coliques.

Un cheval se cabre lorsqu'il se sent mal à l'aise, lorsque la selle ne lui convient pas ou le serre trop et lui blesse le dos, ou lorsque vous êtes trop lourd pour lui.

La vue de certains objets inhabituels jonchant l'herbe ou les haies, ou de panneaux routiers, inquiètent le cheval. Le cas échéant, incitez-le à continuer d'avancer en appliquant fermement vos jambes sur ses flancs, vous le rassurez ainsi en lui confirmant que tout va bien.

Votre qualité de débutant implique que vous ne pouvez envisager la promenade sans la présence d'un cavalier confirmé. Une fâcheuse expérience peut faire disparaître la confiance à tout jamais.

Le code de la campagne

Parcourir la campagne à cheval permet de visiter des endroits écartés, inaccessibles aux automobiles ; c'est aussi un excellent moyen d'acquérir un équilibre naturel et une plus grande confiance. Toutefois il convient d'observer un certain nombre de règles.

Toutes les clôtures doivent être refermées, même si les prés n'hébergent aucun bétail. Si un pro-priétaire vous autorise à traverser ses bois, ses prairies ou ses champs, n'oubliez jamais que vous êtes son hôte et en cette qualité sachez faire preuve de courtoisie. Empruntez les allées et rappelez-vous que vous et votre cheval n'êtes pas les seuls à traverser la région.

Certaines allées sont prévues pour les cavaliers. Vous ne devez en aucun cas les transformer en terrain de jumping, en y déposant des branches. Apprenez à respecter le code de la campagne et plus particulièrement celui s'appliquant à votre région. Nous ne saurions trop vous conseiller d'entrer en relation avec les agriculteurs. Votre amabilité, votre prévenance et votre prudence à cheval vous feront considérer comme appartenant au paysage. Empruntez toujours les tournières, c'est-à-dire les lisières des champs, où rien ne pousse.

Ne traversez pas les terres cultivées, particulièrement après une forte pluie.

Lorsque vous rencontrez du bétail, mettez votre cheval au pas et dépassez le troupeau calmement. A l'époque de l'agnelage, veillez à ne pas affoler les moutons de quelque façon que ce soit et passez le plus au large possible. Vous ne devez pas non plus semer la panique parmi les vaches. Traversez les pâtures au pas, à bonne distance des bovins. Les taureaux présentent un certain danger, ne pénétrez jamais dans un pré abritant l'un d'eux. Le cas échéant, un détour s'impose. Veillez à dépasser les promeneurs aussi lentement que possible. Demandez aux propriétaires

Les premières promenades à l'extérieur du manège doivent se faire sous la conduite de l'instructeur.

Approchez-vous de la barrière et levez le loquet.

Ouvrez largement la barrière.

Laissez pénétrer les autres membres du groupe.

Fermez la barrière derrière vous.

de chiens de tenir leurs animaux en laisse, car le cheval affolé par un chien risquerait de le piétiner accidentellement.

Code de la route

Les réactions d'un cheval sont imprévisibles. Aussi vous faut-il apprendre à le diriger sur route. Mieux vaut éviter d'emprunter les voies à grande circulation. Vous devez vous conformer au Code de la route, c'est-à-dire respecter entre autres les feux de croisement et les panneaux routiers. Vous ne pourrez vous lancer sur une route avant d'avoir acquis une certaine expérience, avant d'être capable de diriger le cheval les rênes rassemblées dans une seule main, d'aller au pas, de trotter et de galoper.

Voici quelques considérations qu'il convient de ne pas perdre de vue avant de se lancer sur la route : le cheval doit être sûr, indifférent à la circulation et ne faire preuve d'aucune nervosité. Vérifiez la selle, la bride et la sous-ventrière avant le départ. Les étriers doivent être adaptés à votre pied. La selle et la bride doivent être adaptées au cheval.

Les fers du cheval doivent être en bon état. Des fers mal assujettis, usés ou mal adaptés sont dangereux. La nuit, munissez-vous de brassards fluorescents et d'une lampe que vous fixerez aux étriers. Mieux encore, abstenez-vous de sortir dans l'obscurité.

Un couvre-chef rigide, à votre taille, est indispensable quel que soit le temps. Des bottes de cheval ou des chaussures lacées, plus faciles à dégager des étriers en cas de besoin, sont préférables.

Tous les cavaliers doivent souscrire une assu-

Signalez toujours votre intention de dépasser une automobile en stationnement.

rance au cas où ils blesseraient un tiers au cours de leur promenade.

Lorsque vous vous trouvez sur la route, restez toujours sur le qui-vive et tâchez de prévoir de possibles difficultés telles que des travaux, des camions, etc., en les évitant dans la mesure du possible lorsque vous établissez votre itinéraire.

Tenez-vous à droite de la route. Dirigez le cheval en maintenant un contact égal avec les deux rênes et en appliquant fermement vos jambes sur les flancs de l'animal.

Lorsque vous entreprenez de dépasser un obstacle tel qu'une voiture en stationnement, jetez un coup d'œil derrière vous afin de vous assurer que la route est dégagée. Indiquez votre intention de dépasser en tendant la main, les doigts rapprochés les uns des autres.

Si vous rencontrez un obstacle imprévu, tel que des travaux, faites preuve de fermeté et de confiance et parlez à votre cheval afin de le rassurer. Ne regardez pas l'obstacle. Dans la mesure du possible empruntez le bas-côté, toutefois évitez les pelouses s'étendant au bord des habitations. Faites toujours preuve de courtoisie à l'égard des autres usagers de la route. Ne manquez jamais de remercier d'un signe de main les automobilistes qui ralentissent à votre vue. La promenade en groupe doit toujours se faire sous la direction d'un instructeur pourvu d'une monture sûre et qui aura la responsabilité du groupe et décidera des allures et de l'itinéraire.

Les chevaux ou cavaliers les moins expérimentés doivent être placés le long du bas-côté, les ani-maux les plus expérimentés marchant vers le milieu de la route. Le groupe doit rester parfaitement compact, chaque cheval étant espacé de quelque 1,20 mètre de celui qui le précède.

Le maître de manège ayant la responsabilité du groupe doit toujours remercier les autres usagers de la route. Sachez faire preuve de courtoisie à l'égard de toutes les personnes que vous rencontrez lors de votre promenade.

Il est parfois nécessaire de mener un cheval à la main sur route, soit pour le reconduire dans son enclos, soit parce qu'il se met à boiter. Si vous montez un cheval en même temps que vous en menez un autre à la main, placez ce dernier sur le bas-côté, c'est-à-dire à votre droite.

Si vous menez un cheval à pied, veillez à toujours vous placer entre les automobiles et le cheval.

Utilisez toujours une bride pour monter ou mener un cheval à la main. Sur route, il est extrêmement dangereux de diriger un cheval à la longe.

Le Code de la route comporte différents signaux manuels qu'il est indispensable que vous connaissiez, avant de vous lancer sur la route. Ces signes avertissent les autres usagers de la route de vos intentions précises. Exécutez-les très clairement et prenez tout votre temps pour ce faire.

PROMENADES NOCTURNES

Les sorties nocturnes présentent un certain danger, elles doivent, dans la mesure du possible, être évitées. Parfois, par exemple après un concours ou une journée de chasse, cela est inévitable, aussi convient-il de s'y bien préparer.

Progressez toujours en file indienne, plus particulièrement au crépuscule.

Portez des vêtements de couleur claire ou, mieux encore, des vêtements fluorescents que vous pouvez vous procurer dans des magasins de sport. Dans la mesure du possible, fixez une lampe à votre dos et à votre poitrine, et aussi aux étriers. Si vous menez le cheval à la main la nuit, portez des vêtements fluorescents et munissez-vous d'une lampe de poche.

LE RETOUR A LA MAISON

Lorsque le cheval regagne l'écurie le soir venu, il est fatigué et doit être préparé pour la nuit, aussi vite que possible. Sa litière doit être épaisse et bien remuée. Débarrassez le cheval de son harnachement, bouchonnez-le légèrement afin de faire disparaître toute trace de sueur ou de boue, puis recouvrez-le aussitôt de sa couverture. Cela fait, assurez-vous que le cheval n'est plus échauffé avant de lui offrir une petite collation, puis laissez-le en paix afin qu'il se détende. Tandis que le cheval se restaure, nettoyez les différentes pièces du harnachement. Enfin vérifiez que le cheval a absorbé tout son repas et que tout est en ordre.

Des raies fluorescentes sont tout à fait indiquées.

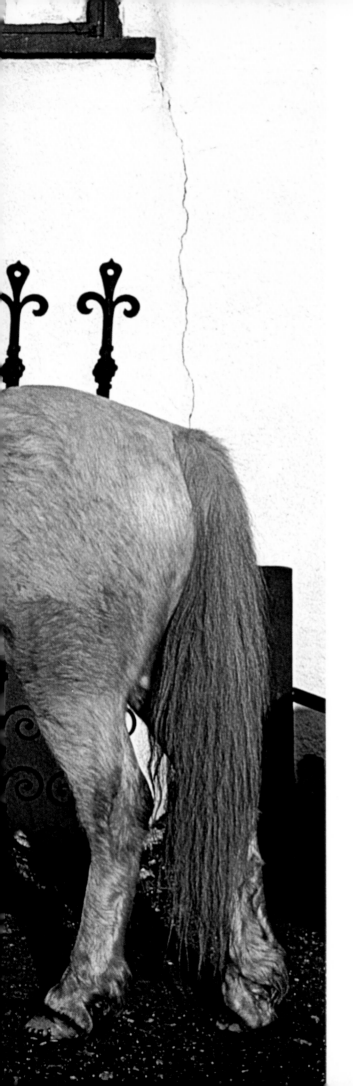

Avoir son cheval

Rapidement, vous éprouverez le désir de posséder un cheval bien à vous. Cette décision ne doit pas être prise à la légère. Avant d'acheter un cheval, demandez toujours conseil à des personnes expérimentées en la matière et assurez-vous que l'animal a été vacciné contre le tétanos.

Il est très courant de mettre les chevaux au vert. La plupart des chevaux préfèrent vivre en plein air plutôt que de rester confinés dans leur écurie. Un cheval a besoin d'une pâture bien clôturée de 1,2 à 1,6 hectare. La clôture est de la plus haute importance, eu égard à la sécurité de l'animal. Une clôture insuffisante ne retient pas le cheval, tandis que d'autres, telles celles en fil de fer barbelé, peuvent blesser l'animal lorsqu'il se frotte contre elles.

Des **haies** constituent des clôtures tout à fait convenables, à seule condition toutefois qu'elles soient bien fournies et bien entretenues, pour que n'apparaisse aucun vide par lequel l'animal serait tenté de s'échapper. En outre, une haie projette une ombre très appréciée en été, coupe le vent et constitue un abri par temps humide et froid.

Les chevaux au pré

La **palissade,** en raison de la plus grande sécurité qu'elle offre, constitue la meilleure forme de clôture. D'autre part le cheval ne risque pas de s'y blesser. D'un coût assez élevé, elle dure extrêmement longtemps et ne nécessite pas un très grand entretien.

Les murs de pierre, dans les régions où l'on peut aisément se procurer de la pierre, constituent une autre excellente forme de clôture.

Le fil de fer lisse constitue une forme de clôture bon marché, assez sûre, à condition toutefois qu'il soit parfaitement tendu. Mieux vaut prévoir la présence de cinq fils. Cependant, certains chevaux, en piaffant et en mordant les fils inférieurs, risquent de se blesser, et la clôture nécessite des vérifications constantes. Ce type de clôture ne peut être envisagé que comme une mesure temporaire.

Les barreaux métalliques et trois fils de fer sont un compromis. La partie supérieure de la clôture est composée de barreaux métalliques fixés à des piquets tandis que la partie inférieure est constituée de trois fils de fer parallèles bien tendus. Le cheval risque moins d'endommager la partie supérieure lors de ses éventuelles tentatives d'évasion.

Clôtures électriques : lorsqu'on souhaite isoler une partie de pâture il suffit de faire appel à une clôture électrique. Les chevaux ont vite fait de comprendre. Après avoir reniflé et touché les fils, et avoir reçu de légères décharges électriques, ils n'éprouveront plus aucune envie de s'en approcher de nouveau. Lorsque la clôture vient d'être installée, mieux vaut rester en compagnie du cheval jusqu'à ce qu'il en ait compris le fonctionnement, uniquement au cas où il ferait preuve de nervosité ou de panique.

Les chevaux sont des animaux gaspilleurs qui ne mangent que les plantes qu'ils aiment. Une pâture utilisée constamment voit son sol s'acidifier sous l'effet des excréments qui doivent être régulièrement ôtés. D'autre part, le pré doit être régulièrement mis au repos, hersé, passé au rouleau, chaulé ou amendé. L'herbe commence à pousser en avril, mai et juin et pendant cette période nous ne saurions trop conseiller de faire reposer une certaine partie de la pâture.

Les barrières : la meilleure barrière est composée de cinq barreaux et dotée d'un loquet facile à manipuler. L'ouverture doit être assez large, au moins 1,4 mètre de long et 1,5 mètre de haut, pour permettre au cheval de passer sans risque de se blesser les flancs. La barrière doit toujours être fermée au moyen d'une chaîne et d'un cadenas en votre absence.

NOURRITURE ET ABRI

Vous devez chaque jour, et en toute saison, rendre visite à votre cheval afin de vous assurer qu'il ne souffre d'aucune blessure et que ses ferrures sont en bon état. Le maréchal-ferrant doit parer les pieds toutes les six semaines environ et fixer de nouvelles ferrures si nécessaire. Les chevaux n'ont pas tous besoin d'un jeu complet de fers, certains même n'en ont besoin d'aucun. Chez un cheval qui rue, les fers présentent même un certain danger. Suivez les conseils du maréchal-ferrant. En hiver, il convient de prêter une attention toute particulière aux pieds, car le sol gelé risque de meurtrir la sole et les talons. Il est dangereux et cruel de monter un cheval dont les pieds sont en mauvais état, aussi convient-il de rendre régulièrement visite au maréchal-ferrant. Il est important d'inspecter l'enclos afin de le débarrasser des boîtes de conserves, des sacs de plastique, des morceaux de verre et autres débris, et de s'assurer de l'étanchéité de la haie.

Plantes dangereuses
Nombre de plantes sont dangereuses pour les chevaux. Il est par conséquent indispensable que vous les connaissiez, pour en débarrasser la pâture. Certaines, extrêmement décoratives, doivent, en dépit de leur beauté, être bannies de la prairie. Voici quelques illustrations montrant des plantes, arbustes et arbres vénéneux.

Plantes vénéneuses
On les rencontre le plus souvent sur les haies ou dans le pré lui-même. Ce sont : la jacobée, la belladone, la digitale pourprée, la ciguë, la bryone et le lupin.

Arbustes vénéneux
Ils constituent parfois une partie des haies. Tels sont les troènes, les lauriers et les rhododendrons.

Jacobée

If

Cytise

Ciguë

Compagnon blanc

Troène

Arbres vénéneux

L'if est extrêmement toxique et mortel. Le gland est vénéneux pour le cheval, tandis que l'arbre qui le produit, le chêne, ne l'est pas. Le cytise est extrêmement dangereux.

La nourriture

D'avril à juin, les chevaux disposent d'une quantité de nourriture suffisante. En juillet, l'herbe commence à perdre certaines de ses qualités nutritives et vers octobre elle cesse de croître, de sorte que sa valeur alimentaire est médiocre. En automne et en hiver, deux rations supplémen-

taires journalières, composées d'aliments énergétiques — du son et des racines et tubercules — et de fourrage, sont indispensables.

Au printemps et en été, il convient de veiller, pour les petits chevaux, à ce qu'ils n'absorbent pas de trop grandes quantités d'herbe. Ils risquent en effet de trop engraisser et d'être atteints de *fourbure,* une inflammation aiguë du pied extrêmement douloureuse. Si l'enclos produit une herbe trop nutritive, mieux vaut le fractionner au moyen de clôtures électriques, à seule fin de restreindre le cheval.

Naturellement, il est indispensable que l'animal

dispose constamment d'eau fraîche fournie par un ruisseau ou une auge. L'eau des mares, stagnante et malpropre, est formellement déconseillée. En automne et en hiver, il est essentiel que l'eau reste pure, que les feuilles l'encombrant soient ôtées, et que la glace soit cassée, si nécessaire.

Les vers

Les chevaux au pré risquent d'être infestés par les vers. Ces parasites se divisent en quatre catégories : les œstres, les vers ronds, les vers rouges et les strongles. Un cheval infesté dépérit vite, son abdomen enfle et sa robe devient terne. Il peut également être affecté de diarrhées. Si le cheval présente l'un de ces symptômes, il convient de consulter sans tarder le vétérinaire. Il est sage de vermifuger le cheval tous les trois mois.

L'abri

En hiver, un abri quelconque qui protégera le cheval du vent et de la pluie est indispensable. Cet abri peut tout simplement se composer d'une haie ou d'un bouquet d'arbres. En l'absence de tout abri naturel, il est nécessaire de prévoir la construction d'un petit appentis de bois. Un abri à trois côtés mesurant 3,50 × 3 m pour un ou deux chevaux, et 9 × 3 m pour six chevaux,

constitue la meilleure forme d'abri.
En été les chevaux sont souvent importunés par les mouches et c'est la raison pour laquelle un abri est encore nécessaire. Ici encore cet abri peut être naturel (haies ou bouquets d'arbres) ou en bois.

LES LICOUS ET LES COLLIERS

Les licous et les colliers sont utilisés pour mener le cheval à pied, ou comme harnachement pour le voyage et le pansage. Les colliers, généralement en cuir, sont extrêmement coûteux. On harnache donc les chevaux vivant au pré, d'un licol de nylon ou de jute, auquel vient s'ajouter une corde-longe. Ce harnachement comporte une muserolle réglable, dont il convient de s'assurer qu'elle est bien ajustée au cheval
Pour mener un cheval par la bride, il est absolument indispensable de porter des gants. Le frottement de la corde, en raison des mouvements de l'animal, risquerait d'infliger de douloureuses brûlures à vos mains. Placez-vous à hauteur de l'épaule gauche du cheval et tenez-le près de la bouche, bras droit tendu.
Il est parfois nécessaire de faire trotter le cheval à seule fin de le mieux examiner. Lors de cette opération, élancez-vous en avant, la corde dé-

QUELQUES MALADIES

Voici quelques maladies auxquelles les chevaux sont exposés, mais que vous ne devez en aucun cas traiter vous-même. Si votre cheval présente de sérieux symptômes, appelez aussitôt le vétérinaire.

MALADIE	SYMPTÔMES	MALADIE	SYMPTÔMES
ACNÉ	petits furoncles et plaie baveuse	POIREAU (VERRUE)	petites excroissances cornées
ASCARIS	diarrhées, coliques et pneumonie	POUX	irritation et chute du poil
BRUCELLOSE	boiterie et garrot fistuleux	RHUME	toux et catarrhe nasal
FLATUOSITÉS	nausées et toux	STRONGLES	fièvre et écoulement nasal
GALE	escarres, irritation intense, chute des poils et épaississement de la peau	TEIGNE TONSURANTE	croûtes qui, en desquamant, révèlent des ulcères
GALE DES OREILLES	l'animal agite la tête, trépigne et se frotte	TÉNIA	aucun
HÉPATITE	fièvre, anémie et jaunisse	TÉTANOS (TRISME)	spasmes douloureux
LEPTOSPIROSE	fièvre, jaunisse et pneumonie	TOUX INFECTIEUSE	toux et fièvre
MORVE	catarrhe nasal, fièvre et pneumonie	ULCÈRES	plaies ulcérées et sanguinolentes
ŒSTRES	gastrite et saignements de l'anus		
OXYURES	frottement de la queue		
PNEUMONIE	fièvre, gêne respiratoire		

tendue afin que le cheval adopte un port de tête naturel. Regardez toujours en avant. Si vous fixez le cheval, il s'arrêtera ou résistera.

La mise au vert

Lorsque vous mettez un cheval au vert, assurez-vous du bon état de la clôture, du bon fonctionnement de la barrière, inspectez le terrain minutieusement à la recherche de tout détritus dangereux et vérifiez que l'animal dispose d'une réserve d'eau suffisante. Un cheval se retrouvant en compagnie d'un congénère sera moins tenté de s'échapper du pré.

Dans l'écurie même, adaptez un licol au cheval, puis placez-vous à hauteur de son épaule gauche avant de vous mettre en marche. La présence d'un ami qui vous ouvrira la barrière est en l'occurrence tout à fait souhaitable. Menez le cheval dans l'enclos, refermez la barrière, puis tournez la tête de l'animal vers cette même barrière. Débarrassez-le du licol et reculez dès que le cheval est en liberté. Il est important que dès votre entrée dans le pré vous vous placiez devant lui, car très fréquemment, l'animal, heureux de se retrouver dehors, rue de joie et risque ainsi de vous blesser par inadvertance.

L'opération consistant à conduire un cheval au pré est relativement simple. L'opération inverse pose davantage de problèmes, le cheval heureux de se retrouver en plein air et de brouter, éprouve quelque répugnance à regagner son écurie. Essayez de le mettre en confiance en lui tendant une friandise. Toutefois rappelez-vous, lorsque vous tendez quelque chose à un cheval, de le faire les doigts à plat, de crainte que le cheval ne les morde par erreur. Parlez-lui d'une voix douce. Ne faites preuve d'aucune hâte ou excitation. Tout mouvement brusque doit être évité. Tandis que le cheval grignote la friandise, glissez le licol autour de son encolure. Dès que la corde est en place, il vous est possible de fixer le reste du harnachement.

Les chevaux
à l'écurie

Que vous possédiez un cheval ou non, vous devez bien comprendre qu'un cheval à l'écurie mène une existence plus artificielle que celui ayant la chance de se trouver au vert. Le box individuel doit mesurer 3 × 3,50 m. Le vantail inférieur de la porte doit mesurer au moins 1,40 m de haut sur 1,2 m de large. Les portes de l'écurie doivent pivoter vers l'extérieur. Trois loquets sont indispensables, l'un sur le vantail supérieur et les deux autres sur le vantail inférieur. Le revêtement du sol doit être résistant, antidérapant et d'un entretien facile. Les briques vitrifiées qu'on rencontre dans certaines écuries actuellement, constituent le meilleur revêtement. Le béton est moins onéreux et plus couramment utilisé, toutefois il convient de s'assurer régulièrement de sa rugosité afin que l'animal ne risque pas de glisser. L'écurie, bien ventilée, doit toutefois être à l'abri de tout courant d'air. Il est conseillé pour ce faire de maintenir ouvert en permanence le vantail supérieur de la porte.

L'emploi du temps quotidien

Garder en condition des chevaux, particulièrement ceux vivant à l'écurie, davantage tributaires du pansage, nécessite un entretien journalier. Le cheval doit être examiné chaque jour. Un cheval sain est vif, a la tête droite, les oreilles dressées et très mobiles, les yeux brillants, une peau souple et une robe luisante. Sa température normale oscille entre 37°8 et 38°5. Tout symptôme suspect doit être immédiatement signalé au vétérinaire qui avisera.

Après vous être assurés que le cheval est en bonne forme, vérifiez la propreté de sa robe, nettoyez ses pieds, brossez son avant-main et son arrière-main, lissez sa crinière et sa queue, enfin récurez les seaux et renouvelez l'eau. Bouchonnez légèrement le cheval, puis offrez-lui son premier repas. Laissez-le ensuite tranquille.

Après le repas, il convient de respecter un délai d'une heure et demie avant de monter le cheval. Débarrassez l'écurie des excréments. Cela fait, débarrassez le cheval de sa couverture et préparez-le pour la séance d'exercice quotidienne, indispensable aux chevaux vivant à l'écurie. Ne confondez pas exercice et travail : l'exercice a pour objet de préparer le cheval au travail (pro-

menade, chasse, saut ou concours complet), qu'on attend de lui.

Après l'exercice, le cheval est reconduit à l'écurie où on le débarrassera de la selle et de la bride et où il prend souvent plaisir à se rouler sur sa litière fraîche ou à se désaltérer. C'est le moment le plus favorable au pansage, car les pores sont dilatés de sorte qu'il est plus facile de débarrasser la robe de toute souillure — sébum ou pellicules. Enfin, couvrez le dos du cheval d'une couverture de toile, détachez-le et sortez non sans lui avoir servi une ration de fourrage.

Il y a toujours beaucoup de travail à faire dans la cour : balayer, nettoyer le harnachement ou les fenêtres, et entasser le fumier. Le cheval reçoit son second repas vers midi.

L'après-midi, le cheval doit de nouveau être remis à l'attache pour que l'on puisse débarrasser le sol de l'écurie des excréments. Otez les cailloux qui pourraient s'être incrustés sous ses sabots et retournez la litière. Remettez en place les tapis auxquels vous pouvez ajouter une couverture supplémentaire pour la nuit, particulièrement si le cheval a été récemment tondu. Remplissez les seaux d'eau. Vers 16 h 15, le cheval est prêt à absorber son troisième repas. Nettoyez alors la

selle et vérifiez-en toutes les coutures. Il se peut qu'il soit nécessaire, encore une fois, d'évacuer les excréments... Le soir venu, servez au cheval son quatrième repas et laissez-lui une ration de fourrage pour la nuit.

Chaque matin, la litière doit être nettoyée. Les litières sont généralement composées de paille, aussi est-il nécessaire pour le nettoyage de se munir d'une brouette, d'un balai, d'une fourche, d'une pelle.

En premier lieu, mettez le cheval à l'attache, ôtez le foin et le seau d'eau, puis débarrassez la litière de toute trace d'excrément. Retournez la paille en commençant par la partie de la litière la plus proche de la porte et rejetez la paille propre sur le côté. La paille souillée, humide et plus lourde, tombe entre les dents de la fourche.

Lavez le sol avec de l'eau additionnée d'un produit désinfectant, une fois par semaine.

Une litière mince suffit pour la journée, toutefois le soir il conviendra d'y ajouter de la paille, pour la rendre plus épaisse. La litière doit être moelleuse au centre et pourvue de remblais confortables sur les côtés.

Certains chevaux, particulièrement ceux friands de paille, doivent être dotés d'une litière composée de sciure. Cette matière, facile à entretenir et à manipuler, constitue une litière satisfaisante.

Une écurie bien tenue.

Nettoyage de l'écurie.

Un grand sac pour ôter les excréments.

La cour doit être maintenue en parfaite propreté.

La tonte

En hiver, les chevaux voient leur robe s'épaissir. Selon le travail auquel ils sont soumis, certains chevaux ont besoin d'être tondus afin de rester en bonne condition physique. C'est une opération délicate. Il existe quatre types de tonte. La première consiste à tondre intégralement l'animal, particulièrement ceux pourvus d'une robe dense. La deuxième consiste à ne laisser le poil que sur les jambes et à l'emplacement de la selle. La troisième, consistant à ne laisser le poil que sur le dos, convient tout particulièrement aux animaux vivant à l'écurie. Enfin, la quatrième, où l'on enlève le minimum de poils, convient tout spécialement aux sujets appelés à travailler et à passer l'hiver en plein air. Une couverture suffit alors à les maintenir au chaud.

Il est important de bien comprendre que la tonte prive le cheval d'une couverture naturelle imperméable. Aussi convient-il à l'écurie, de pré-voir une couverture de jute à laquelle, par temps froid, viendra s'ajouter une, sinon deux, couvertures supplémentaires. Pendant les séances de travail, le cheval n'a besoin d'aucune couverture. En dehors de cela, le cheval ne doit ni prendre froid ni frissonner.

Nombre de chevaux n'ont pas besoin d'être tondus ; le poil épais qui apparaît au début de l'hiver tombe dès le printemps.

Régime alimentaire

Le régime alimentaire d'un cheval maintenu à l'écurie ne doit en aucun cas être improvisé, au risque de compromettre la santé de l'animal. Mieux vaut prendre conseil auprès d'une personne d'expérience. Le cheval est doté d'un petit estomac et, lorsqu'il est au vert, absorbe à intervalles fréquents de petites quantités d'herbe. Mieux vaut donc quatre repas journaliers.

Types de tonte

La tonte est une opération délicate.

Épreuves de saut et de concours

Quand les chevaux sautent seuls, librement, ils utilisent leur tête et leur encolure pour équilibrer le reste de leur corps. Lorsque vous connaîtrez le mécanisme du mouvement, vous comprendrez mieux la raison pour laquelle il vous faut, en l'occurrence, adopter une position en selle différente de celle qu'observe le cavalier de plat. Le cavalier doit rester souple, avoir une assiette très rigoureuse et coordonner ses mouvements à ceux du cheval, afin de ne pas blesser la bouche de ce dernier. Légèrement penché en avant, il fait porter son poids sur ses genoux. Aussi convient-il tout d'abord de raccourcir les étrivières d'un ou deux crans. L'angle que forment votre épaule, votre hanche et votre genou, doit être fermé. Maintenez toujours la tête dans la direction que vous voulez emprunter. Les mains, basses, sont placées de chaque côté de l'encolure du cheval et restent aussi discrètes que possible, à seule fin de ne pas entraver les mouvements de la tête et de l'encolure de la monture, nécessaires à son équilibre. Si vous observez des chevaux en liberté sautant, vous constaterez que le cheval étire son encolure et sa tête *avant* que ses antérieurs ne quittent le sol, alors même qu'il règle sa foulée. Le saut se décompose en quatre phases essentielles :

L'approche est extrêmement importante. C'est le moment où le cheval se prépare à sauter, évalue la hauteur de l'obstacle et la distance qui l'en sépare. A mesure que le cheval se rapproche de l'obstacle, ses foulées se font plus énergiques, les angles se ferment, tandis que vos mollets se portent en arrière. Le cavalier contrôle discrètement le cheval des mains et des jambes.

L'enlever : dès l'instant précédant ce moment, vos jambes deviennent plus actives maintenant ainsi l'impulsion, et cela afin de pallier tout refus possible. Vos mains discrètes, mais cependant en contact avec la bouche de l'animal, s'apprêtent à céder.

Le planer : pendant que le cheval plane au-dessus de l'obstacle, vous devez demeurer le buste penché en avant, la tête relevée et vos jambes appliquées sur les flancs du cheval, cela afin de lui donner confiance et de l'aider à retomber sur le sol en équilibre.

La retombée : maintenant, il est extrêmement important que vous conserviez votre tête relevée, le regard haut, et que vos mains suivent le mouvement. Lors des foulées composant la réception, n'oubliez jamais de vous redresser, de maintenir vos jambes fermement appliquées sur les flancs du cheval, et de votre dos, de vos jambes et de vos fesses, d'aider l'animal à conserver son impulsion. C'est au cours de cette phase que, le regard porté en avant, vous préparez le cheval à franchir l'obstacle suivant.

Préparation au saut

Le travail à la barre est la meilleure façon de commencer à sauter. Les barres posées sur le sol permettent au cheval de décontracter son dos et l'aident à fortifier les muscles intervenant lors du saut. Elles incitent d'autre part le cheval à baisser la tête et à regarder où il pose les pieds.

Commencez par poser une seule barre sur le sol et menez le cheval au pas en maintenant un contact léger de la main, à seule fin que le cheval ne s'inquiète pas et comprenne que cet exercice fait partie du travail courant. Lors de cet exercice, il est recommandé que le cavalier raccourcisse les étrivières et adopte la position voulue, c'est-à-dire penche légèrement le buste vers l'avant. Si le cheval franchit sans problème cette première barre, ajoutez-en deux supplémentaires. Un cheval mesurant 14,2 paumes et allant au pas, exige que les barres soient espacées d'un mètre environ. Les trois barres installées, la tête haute, vos mains basses sur l'encolure et vos talons bas, incitez le cheval à se porter en avant.

Lorsque vous et votre cheval êtes capables de franchir trois barres, sans perdre ni l'équilibre ni le rythme, vous pouvez envisager d'aborder l'obstacle au trot. Replacez les barres à une distance convenable. A cette allure, et pour un cheval mesurant 14,2 paumes, les barres doivent

Travailler

Travailler

Lorsque le cheval est habitué aux obstacles en

être espacées d'environ 1,30 m. Le cheval vous semblera alors plus bondir, à tel point que vous éprouverez peut-être quelque difficulté à conserver votre équilibre. Mieux vaut donc commencer par le trot assis et vous tenir à la ceinture que vous aurez fixée autour de l'encolure du cheval, afin de conserver votre équilibre. Répétez cet exercice à plusieurs reprises, jusqu'à ce que vous vous sentiez en équilibre et que le cheval trotte régulièrement.

Lorsque vous vous sentez en confiance, vous pouvez aborder les barres au trot enlevé. Mieux vaut alors raccourcir encore les étrivières, de sorte que la pesée de votre corps s'exerce sur vos talons par l'intermédiaire des genoux. Pensez alors que vos hanches, vos genoux et vos chevilles font office de charnières.

n demi-cercle

e, commencez à l'entraîner sur des obstacles disposés en demi-cercle.

Lorsque l'allure est satisfaisante, adoptez la position du cavalier de saut. Cette position, le buste penché en avant et l'assiette aussi en avant que possible de la selle, que vous adopterez au trot, ne doit en aucun cas vous faire perdre l'équilibre ou le rythme. Dans un premier temps, il vous sera nécessaire de vous tenir à la ceinture entourant l'encolure du cheval, que vous lâcherez dès que vous vous sentirez plus sûr.

Quand vous commencez, mieux vaut utiliser des barres encore recouvertes de leur écorce. Il existe deux raisons à cela : tout d'abord il est peu probable qu'au début vous soyez capable de conserver une position correcte et un rythme régulier. D'autre part, si le pas et le trot sont quelque peu irréguliers, il est fort probable que le cheval heurtera les barres. Cela importe peu si elles ne

sont pas peintes. Les chevaux franchissent plus volontiers des barres de bois brut que des obstacles colorés, les reflets que présentent ces derniers suscitant chez eux quelque inquiétude. Toutefois, avant d'aborder réellement le saut, il est indispensable que vous et votre monture soyez habitués à franchir des barres peintes.

Pour ce faire, posez une barre colorée sur le sol et faites-la franchir au cheval tout d'abord au pas, ensuite au trot. Ajoutez progressivement deux barres supémentaires, de sorte que le cheval soit contraint d'en franchir trois. La distance séparant ces obstacles sera la même que celle séparant les barres de bois brut (1,3 m) et les barres elles-mêmes doivent mesurer entre 3 et 3,50 m. Puis vous ferez des variations, en allant jusqu'à six barres, et en remplaçant le trot par le galop.

Premier saut

L'approche doit être énergique et calme.

Maintenez les mains bas, élevez-vous au-dessus de la selle lorsque le cheval quitte le sol.

Maintenez un contact léger avec la bouche.

Lorsqu'il touche le sol, le cheval reprend contact avec l'assiette du cavalier.

Un autre excellent exercice consiste à franchir des barres disposées en cercle. Cela permet, en assouplissant le cheval, de le maintenir en éveil. Quant à vous, parce qu'il est plus difficile de conserver son équilibre et de coordonner ses mouvements avec ceux de la monture en cercle qu'en ligne droite, cela constitue un excellent préambule au saut proprement dit. Lorsque vous décrivez un cercle, essayez de conserver votre tête relevée et les yeux fixés dans la direction de la courbe, vos mains toujours basses sur l'encolure.

Les premiers sauts
Lorsque vous et votre cheval vous sentez pleinement en confiance et que vous réussissez à conserver la position voulue aussi bien au trot qu'au galop, vous pouvez envisager d'aborder le saut proprement dit. Votre instructeur vous aidera à adopter définitivement la position correcte.

Lorsque vous êtes prêt à aborder le saut, échauffez le cheval en lui faisant franchir au trot des barres posées sur le sol. Cela le mettra en condition et vous permettra d'adopter la position voulue. Franchissez ces barres deux ou trois fois, puis accordez au cheval un court instant de repos. Ensuite, disposez les barres en croix à quelque 2,75 m des dernières barres précédemment utilisées. La croix incitera le cheval à sauter au centre de l'obstacle. Raccourcissez les étrivières ; puis mettez-vous tout d'abord au trot, non sans avoir adopté la position du cavalier de saut : buste incliné en avant, genoux fléchis, talons bas, tête relevée et mains basses sur l'encolure. Trottez autour du manège, le regard porté au-delà de l'obstacle, puis franchissez les premières barres et enfin le petit obstacle. N'oubliez jamais de maintenir votre tête relevée lors de la réception, à seule fin de ne pas perdre l'équilibre. Répétez cet exercice à plusieurs reprises. Le saut étant extrêmement éprouvant, dix minutes d'entraînement à chaque séance suffisent amplement.

Lorsque vous vous sentez capable de conserver votre équilibre, lors du franchissement des barres et d'un petit obstacle, vous pouvez passer à l'étape suivante, le galop. Au galop, vous n'aurez nul besoin des barres posées sur le sol, utilisées pour le trot. Commencez plutôt avec un obstacle très simple, tout d'abord peu élevé, afin de ne pas rebuter votre cheval et de ménager vos nerfs.

Une seule barre, placée à 0,30 m du sol, constitue un bon début. Si vos premières leçons se déroulent à l'intérieur de l'école ou dans un manège fermé, mieux vaut prendre votre élan le plus près possible de l'obstacle, afin de suivre une meilleure trajectoire sur ce dernier. Galopez autour du manège. Maintenez vos mains sur la lanière entourant le cou du cheval, conservez la tête relevée et le regard haut, et faites porter votre poids sur vos genoux. A mesure que vous vous rapprochez de l'obstacle, exigez par vos jambes une impulsion accrue.

Types d'obstacles

Il existe quatre types principaux d'obstacles utilisés pour les épreuves de saut : les droits ou obstacles verticaux, les larges ou obstacles en

Barre simple

Une simple barre est idéale pour s'entraîner au saut.

Barres croisées

Lorsque vous franchissez un obstacle en croix, essayez de l'aborder à son point le plus bas.

Types d'obstacles

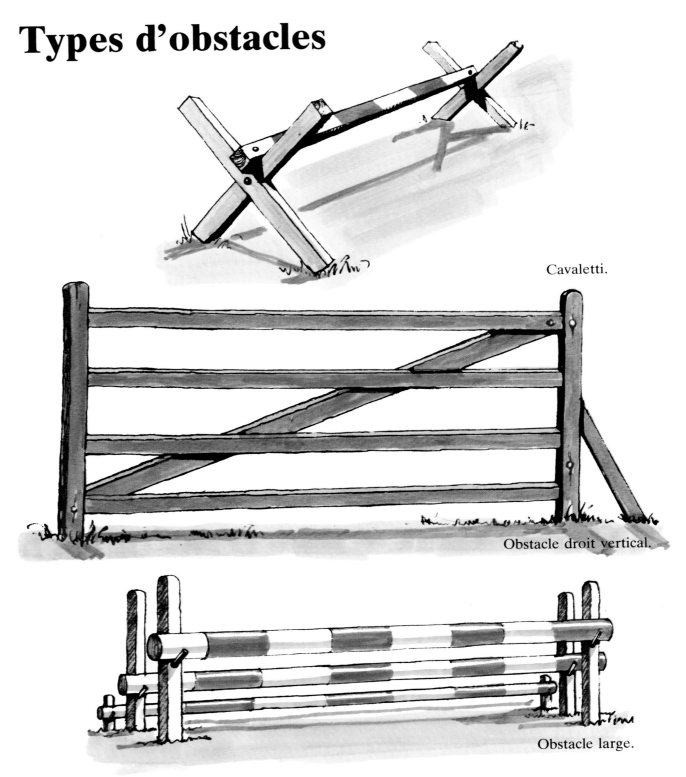

Cavaletti.

Obstacle droit vertical.

Obstacle large.

largeur (oxers), les obstacles de volée et les terres et les rivières. L'obstacle droit ou vertical, à l'occasion d'une première course, peut être représenté par une seule barre, une barrière basse ou une petite haie. La seconde catégorie est composée de deux barres placées exactement à la même hauteur (barre de Spa, qui selon son inclinaison est un obstacle droit ou un obstacle large). Les obstacles de volée sont composés de trois barres s'élevant progressivement. On peut encore donner à cet obstacle une forme de pyramide, en plaçant la première et la troisième barre à la même hauteur, tandis que la seconde sera relevée de sorte que l'obstacle peut être franchi dans les deux sens.

Il est indispensable que l'on commence à sauter avec un cheval expérimenté et que l'on fasse appel aux conseils d'un instructeur. Portez toujours un couvre-chef rigide et fixez autour de l'encolure du cheval une ceinture de cuir, à laquelle vous vous tiendrez lors du saut et qui vous permettra de conserver votre équilibre. La perte d'équilibre à l'occasion de cet exercice déséquilibre le cheval lui-même et peut non seulement lui faire commettre une faute, mais encore risque de vous faire perdre confiance.

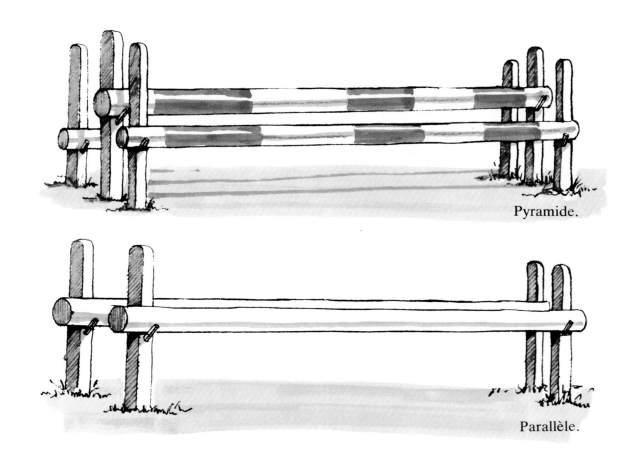

Pyramide.

Parallèle.

La princesse Anne s'entraînant au dressage.

Qu'est-ce que le dressage ?

Le dressage, pour beaucoup de gens ignorant le sens précis de ce terme, semble une activité particulièrement rebutante et ingrate. En fait, c'est l'entraînement progressif du cheval, entraînement destiné à le rendre docile et souple, pour qu'il réponde volontiers aux commandements du cavalier. Un cheval ayant reçu ce type d'entraînement constitue une monture agréable aussi bien lors de randonnées que de compétitions. Il est capable de tourner, de s'arrêter et de démarrer en souplesse, rapidement et sans effort.

Le dressage permet au cavalier et à l'instructeur d'améliorer les allures de base du cheval lorsqu'il est monté. Ces allures doivent être régulières et soumises à la volonté du cavalier.

L'arrêt

Le cheval doit se tenir absolument calme sur ses quatre membres. Les oreilles frémissent d'avant en arrière, ce mouvement indiquant que l'animal vous écoute. Sa position doit être telle qu'elle lui permette de se mettre en marche sous l'effet de l'aide la plus légère. Il est important qu'un contact discret et égal soit entretenu avec la bouche du cheval. Toutes les transitions, de l'arrêt au trot, du trot au galop, au pas, à l'arrêt, doivent être empreintes de souplesse et contrôlées avec fermeté tandis que l'animal répond docilement aux aides.

Le pas

Le pas est une allure à quatre temps, au cours de laquelle trois membres sont à l'appui tandis que le quatrième est au soutien (en l'air). L'allure est plus ou moins allongée. Au cours du débourrage, le cheval adoptera un rythme moyen et on le mettra de temps à autre au pas libre, à seule fin de le détendre. A allure moyenne, le cheval doit avancer énergiquement à rythme régulier. L'encolure se balance de bas en haut, le cavalier suivant les mouvements de la tête et de l'encolure, tout en maintenant un contact discret. Le pas allongé est plus difficile à obtenir : le cheval doit allonger le pas au maximum, tout en restant calme et en conservant des foulées régulières.

Le trot

Le trot peut être plus ou moins rassemblé, ou allongé. Le travail sur des bases moyennes, qui se situe entre le trot rassemblé et le trot allongé, est utilisé lors du débourrage et doit être bien assimilé avant d'aborder les allures extrêmes. A l'allure intermédiaire, une forte impulsion issue de l'arrière-main porte le cheval en avant. Au trot allongé, la foulée s'allonge considérablement. Au trot rassemblé, la foulée, plus courte, est énergique et impulsive.

Le galop

Le galop, comme le trot, est également plus ou moins rassemblé ou allongé. La longueur de la foulée lors du galop rassemblé est plus courte qu'à l'occasion du galop allongé. Lors du débourrage, seules les allures moyennes sont exigées. Le travail sur des bases longues ou courtes ne sera abordé qu'à un stade de dressage plus avancé.

Le cheval ne peut obéir à vos ordres rapidement et facilement que s'il a été entraîné à comprendre le langage des aides. Les figures de manège, telles que les doublers et les serpentines, facilitent l'assimilation de ces notions, tout en rendant le cheval plus docile. En faisant décrire au cheval des cercles, des voltes et autres figures, vous améliorerez son équilibre, ses capacités physiques et sa souplesse.

L'équilibre est capital. Le cheval possède un équilibre naturel, qu'il perd dès qu'un cavalier s'installe sur son dos. Aussi convient-il de lui apprendre à retrouver un nouvel équilibre. La meilleure méthode consiste, en un premier temps, à faire travailler l'animal à la longe, la longe étant fixée à l'anneau du caveçon. A cela, viendra s'ajouter un enrênement spécialement conçu pour cette activité. On exigera tout d'abord que le cheval décrive de larges cercles jusqu'à ce qu'il parvienne à trotter sans perte de rythme ou d'impulsion. Lorsqu'il est familiarisé avec le travail à la longe, on pourra aborder le travail monté où l'animal sera éduqué aux aides. Des exercices destinés à l'assouplir, tels que le franchissement des barres posées sur le sol, permettront de développer son équilibre et ses capacités physiques. Un cheval entraîné au dressage doit se montrer calme, confiant, franc et en avant, et assez docile pour répondre immédiatement aux aides les plus légères. L'entraînement ne doit en aucun cas être considéré comme une voie s'ouvrant uniquement sur le dressage mais comme un moyen pour le cheval d'améliorer ses qualités de sauteur en utilisant au mieux de leurs possibilités ses membres, pour l'avantage à la fois de l'animal et du cavalier. Le cheval est heureux lorsqu'il comprend vos signaux et qu'il sait exactement ce qu'on attend de lui, mais supporte mal d'être dérouté.

Le pas

Allure moyenne au pas, le cheval doit adopter un rythme régulier.

En arrière

Faire marche arrière exige un long travail patient.

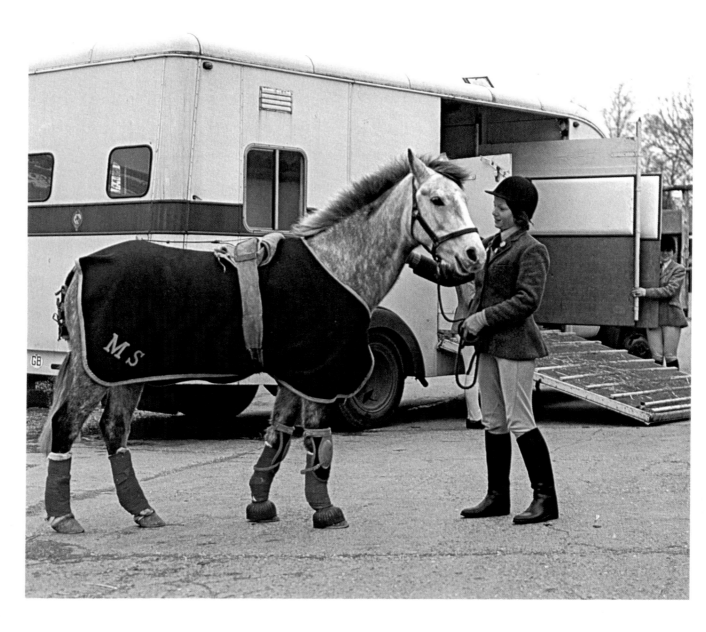

Le transport

La plupart des chevaux voyagent volontiers dans des fourgons ou des remorques, à condition toutefois qu'ils soient traités avec douceur et patience. Avant le chargement, vérifiez que le fourgon ou la remorque sont en bon état, que l'éclairage et les freins fonctionnent, et que la pression des pneus est correcte. Le plancher doit être recouvert d'une litière de sciure ou de paille.

En hiver, le cheval devra être doté de cloches en caoutchouc, de bandes de flanelle, d'un protège-queue, de guêtres, de genouillères, d'une couverture de laine, d'un licol-bridon avec ses rênes et sa corde-longe. En été, la couverture de laine sera remplacée par une chemise de toile. Les cloches en caoutchouc empêchent le cheval de blesser ses sabots s'il perd l'équilibre, par exemple à l'occasion d'un coup de frein trop brutal. Les bandes de flanelle sont enroulées à partir du genou et protègent la jambe des coups que pourrait éventuellement se donner le cheval au cours du voyage.

Des bandes de flanelle enroulées autour de la queue protègent celle-ci des inflammations dues aux frottements. Ces bandes servent également à remettre la queue en plis. Toutefois, elles ne doivent pas être laissées en place plus de quatre heures de suite. Pour un long voyage, mieux vaut utiliser un protège-queue.

Les protège-queue sont soit en cuir, soit en laine. Les guêtres protègent les jarrets. Les guêtres sont généralement en laine, tandis que les attaches sont en cuir. Les genouillères sont indispensables, car elles évitent au cheval de se blesser notamment lorsqu'il perd l'équilibre ou tombe au cours du voyage. La lanière supérieure de la genouillère doit être bien serrée, tandis que la lanière inférieure reste plus lâche, à seule fin de permettre au cheval de plier le genou.

Une couverture de laine est absolument requise en hiver. Cette pièce d'habillement élégante n'est utilisée qu'à l'occasion des voyages ou des concours ; à l'écurie, une couverture de jute suffit à tenir l'animal au chaud. En été, une chemise de toile est suffisante. Cette couverture, de fil ou de coton, empêche la robe de se souiller. Ces deux couvertures doivent être maintenues en place par un surfaix.

MÉTHODE DE CHARGEMENT

Placez la remorque ou le fourgon près d'une clôture ou d'une haie, de sorte que vous disposiez sur un côté d'un mur naturel. Ensuite assurez-vous que la litière est propre et que l'équipement dont vous aurez besoin est déjà chargé. Le regard dirigé devant vous, faites monter le cheval sur la rampe et menez-le dans le fourgon. N'attachez pas l'animal, mais demandez plutôt à un ami de fixer la courroie ou la barre derrière lui. Il est indispensable de faire cela avant de mettre le cheval à l'attache, au cas où l'animal pris de panique reculerait brutalement. Le cheval attaché se débattrait et risquerait de se blesser. Mieux vaut pour lui qu'il soit libre de ses mouvements.

Pour le déchargement, la méthode varie selon le type de véhicule.

Méthode avec une remorque possédant une rampe d'accès à l'arrière :
1 Détachez le cheval
2 Abaissez la barre
3 Abaissez la rampe et détachez les courroies
4 Incitez doucement le cheval à reculer

Méthode avec une remorque possédant une rampe d'accès à l'avant :
1 Détachez le cheval ;
2 Abaissez la rampe ;
3 Abaissez les barres ;
4 Faites doucement descendre le cheval ;
5 Dans une remorque abritant un grand cheval dans le box de droite, mieux vaut ôter la cloison, afin de faciliter le passage de l'arrière-main de l'animal.

Déchargement d'un box :
1 Détachez le cheval ;
2 Ôtez la cloison ;
3 Faites descendre la rampe.

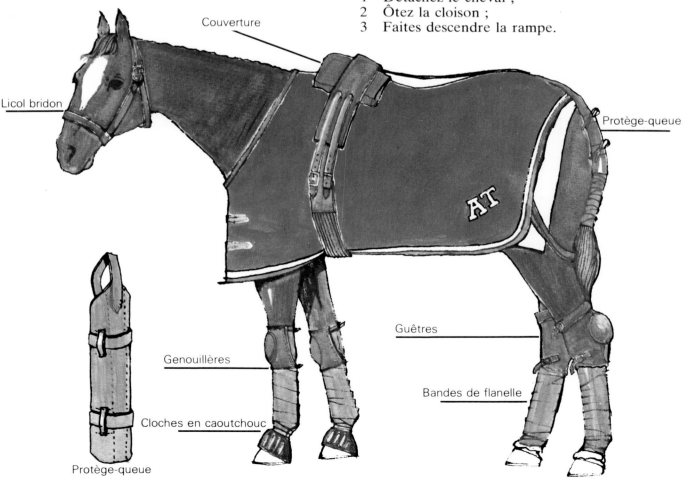

Couverture

Licol bridon

Protège-queue

Genouillères

Cloches en caoutchouc

Protège-queue

Guêtres

Bandes de flanelle

69

Un concours local

Si vous possédez un cheval ou si vous avez la possibilité d'en louer un vous pouvez envisager de participer à un concours local. La première fois, vous serez certainement ahuri par tout ce que vous verrez. La plupart des concours locaux disposent de deux ou trois pistes. Afin de bien comprendre les diverses activités, il est recommandé de lire avec attention le programme qui inclut quelques-unes, sinon toutes les épreuves suivantes.

Le meilleur équipage requiert un travail énorme de la part des concurrents. Les chevaux ne devant ni galoper, ni sauter, tout le monde peut participer à cette épreuve. La condition physique et l'aspect du cheval, l'état de la selle et de la bride, de même que celui des ferrures, sont pris en considération. En outre, l'élégance de la tenue du cavalier est également jugée. Des détails, tels qu'une épingle de cravate et la semelle des bottes, sont examinés. Ces classes comptent généralement de nombreux concurrents et la lutte est

chaude. Parfois cette épreuve est divisée en deux classes, la première réservée aux chevaux maintenus à l'écurie, et la seconde aux animaux vivant au pré.

Le cheval de travail. Lors de cette épreuve, on juge les capacités du cheval pour la chasse, le saut et les activités générales. Le cheval de travail, doté d'une bonne conformation, obéissant et élevé, devra franchir quatre ou cinq obstacles rustiques.

Classes à la longe. Le cheval doit être étroit, bien éduqué et doté d'une bonne conformation. Les chevaux montés par de jeunes enfants sont menés à la longe par un adulte.

Le meilleur cavalier. Lors de cette épreuve, sont jugées les capacités des cavaliers. Tout cheval ou poney est apte à cette épreuve. Un animal bien élevé et docile, toutefois, met le style de son cavalier plus en valeur. La conformation du cheval n'intervient nullement. De nombreux concurrents participent à cette épreuve où la lutte est souvent chaude. On ne demande pas aux concurrents de sauter, mais seulement d'aller au pas, de trotter et de galoper sur les deux rênes, et aussi d'accomplir leur propre numéro. Lors de cette épreuve individuelle, les cavaliers saluent les juges, puis commencent leur épreuve qui comprend nécessairement un simple changement de main. Il s'agit d'un huit au galop, le centre de la figure étant décrit au trot, puis au pas. Puis les concurrents galopent autour de la piste avant de s'arrêter. Ils démontrent ainsi leur aptitude à diriger leur monture avec le minimum d'effets.

Épreuve de saut réservée aux minimes : cette épreuve est réservée aux très jeunes concurrents n'ayant jamais été placés dans aucune compétition. Les obstacles mesurent environ 0,60 mètre de haut.

Épreuve de saut réservée aux novices : les difficultés que présentent toutes les épreuves de saut sont proportionnelles à l'expérience du cheval et à ses succès antérieurs. C'est là un point dont il convient de se souvenir si, à l'avenir, vous souhaitez participer à des compétitions. Le cavalier inexpérimenté serait très mal avisé de s'inscrire à un omnium (épreuve open), et bien qu'il faille posséder un cheval connaissant son travail et sautant facilement, mieux vaut s'inscrire à une épreuve réservée aux novices.

L'épreuve open n'est pas limitée. Cela signifie que tout sauteur, quel que soit l'argent qu'il ait gagné précédemment, est admis à concourir.

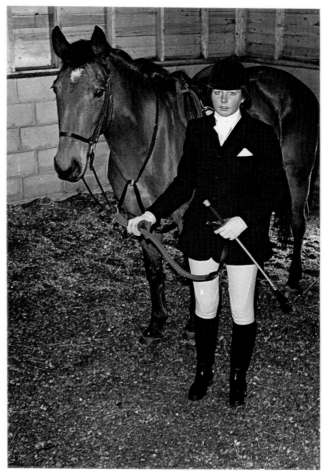

Prêt pour le concours du plus bel équipage.

Une belle battue lors d'une compétition réservée aux novices.

Le gymkhana est extrêmement divertissant, mais requiert une grande maîtrise de la part du cavalier.

Dans les petites réunions, les obstacles mesurent un mètre environ. Dans les meetings plus importants, ils peuvent mesurer 1,20 m pour les poneys et 1,35 m pour les chevaux. Si vous n'êtes qu'un débutant, nous ne saurions trop vous conseiller d'assister à ces épreuves et d'observer la tenue en selle des différents cavaliers, ce qui vous aidera certainement à améliorer votre propre position.

Les gymkhanas. Nombre d'épreuves extrêmement divertissantes requièrent toutefois des chevaux habiles et dociles, capables de tourner très

Une concurrente résolue.

rapidement, de s'arrêter, puis de repartir aussitôt, et indifférents aux choses insolites tels que des seaux, des fanions ou de la musique.

L'entraînement est la clé du succès au gymkhana. Vous devez être capable de sauter en selle ou de mettre pied à terre, aussi bien lorsque votre monture est immobile qu'en mouvement. Le cheval doit également, sans montrer la moindre réticence, aller au pas, trotter et galoper lorsque son cavalier le mène à la main. Plus d'un cheval résiste tout d'abord. Aussi ne devez-vous pas le tirer ou le regarder, car cela ne ferait que le faire résister davantage. La meilleure méthode pour apprendre à un cheval à accepter de se laisser mener à la main consiste à vous placer à la hauteur de son épaule et de le tenir à bout de rênes. S'il fait montre de répugnance, demandez à un ami placé derrière lui, de l'inciter à avancer. Ne le poussez ni ne le poursuivez, car il pourrait prendre peur. Récompensez-le d'une caresse dès qu'il a compris. Il est également recommandé de l'accoutumer à des objets insolites tels que des ballons, des sacs, des fanions et des seaux.

Les concours et exhibitions varient extrêmement les uns par rapport aux autres, tant par leurs dimensions que par leur organisation. Heurter un obstacle équivaut à quatre fautes, un refus trois fautes, et trois refus se soldent par l'élimination du concurrent. Pour une compétition de ce style, il est intéressant de choisir un cheval qu'on pense devoir réussir, puis de voir si ce choix reçoit l'approbation des juges.

L'envers du décor

Il vous faut accepter de vous plier à un travail intensif avant d'envisager votre participation à un concours hippique, ou un concours complet. Quelles que soient les qualités de votre cheval, vous ne pouvez espérer un succès quelconque qu'à l'issue d'un travail intensif. Votre cheval, qui doit être docile, requiert un entraînement particulier si vous souhaitez lui voir atteindre un niveau de cheval de concours. Si ce cheval est le premier que vous prépariez à ces épreuves, adressez-vous à un instructeur qualifié et, plus souhaitable encore, astreignez-vous à une leçon particulière au rythme d'une tous les quinze jours, afin de mieux entraîner votre cheval. Demandez également un plan de travail pour la période séparant deux leçons consécutives.

La plupart des pays organisent un grand nombre de concours. Choisissez seulement ceux vous convenant le mieux, en commençant à participer à ceux organisés à proximité de votre domicile, cela à seule fin de limiter le coût du transport et de vous donner une idée des progrès que vous avez accomplis. Procurez-vous le maximum de programmes et organisez votre saison. Les concours hippiques diffèrent quelque peu les uns des autres, aussi lisez les règlements attentivement, afin de vous inscrire dans la classe vous convenant réellement.

Votre cheval doit être en excellente condition physique, arborer une robe lustrée d'une propreté irréprochable, des yeux brillants, une crinière tressée et les sabots parés. La queue peut être soit tressée soit tirée. Faites vérifier l'état des sabots au préalable par le maréchal-ferrant. La selle et la bride doivent être en excellent état et parfaitement propres.

Une belle apparence et une robe saine dépendent exclusivement de la santé de l'animal. Aussi essayez de vous plier à un emploi du temps régulier et de servir quatre fois par jour à votre cheval un fourrage d'excellente qualité. Si la santé ou la condition de votre cheval vous inquiètent, n'hésitez pas à faire appel au vétérinaire.

Pansage. Un pansage complet quotidien est absolument indispensable. Maintenez les instruments de pansage en parfait état de propreté. Des instruments malpropres ne peuvent que souiller le cheval.

La crinière et la queue. Une belle apparence implique un excellent état de la crinière et de la queue. On taille et éclaircit la crinière à l'aide d'un peigne. La queue peut être tirée, puis mise en forme à sa partie supérieure avec les doigts. Lorsque la queue est quelque peu abîmée, il convient de l'écourter. Pour ce faire, placez votre main sous le tronçon de la queue de sorte que celle-ci retombe naturellement puis de l'autre main coupez droit l'extrémité de la queue, à la hauteur du jarret.

Préparation du cheval pour le concours.

Tressage

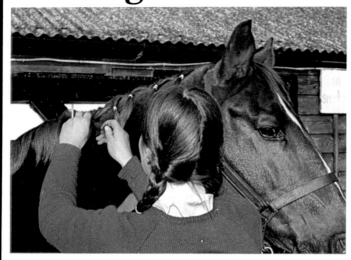
Humectez la crinière.

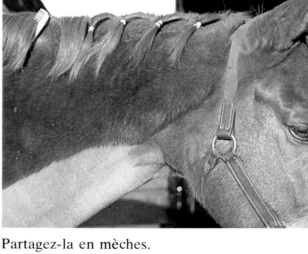
Partagez-la en mèches.

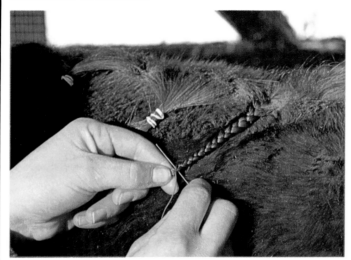
Introduisez une aiguille au travers de la tresse.

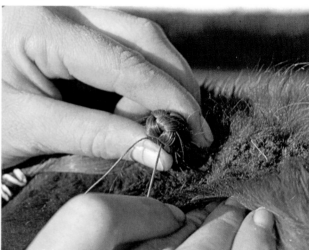
Enroulez le fil autour de la natte.

Tressage. A l'occasion des concours, par exemple, la crinière et la queue du cheval doivent être tressées. Cette opération a pour but de mettre en valeur l'encolure et la tête du cheval. Le nombre de tresses dépend de la longueur de l'encolure de l'animal, une encolure courte paraît plus à son avantage avec de nombreuses tresses, tandis qu'une encolure longue s'accommode mieux d'un nombre plus réduit de nattes. Il est d'usage de prévoir un nombre impair de tresses le long de l'encolure, auquel viendra s'ajouter une natte sur le front, au total, par conséquent, un nombre pair.

Le nettoyage du sabot, l'éclaircissement et le tressage de la crinière et de la queue, pour être accomplis de façon satisfaisante, nécessitent une longue pratique. Avant de vous lancer dans cette entreprise, observez une personne compétente et appliquez le résultat de vos observations sur votre cheval à plusieurs reprises, avant de le considérer comme prêt à paraître au concours.

Les ferrures. Le cheval doit être pourvu de nouvelles ferrures une semaine environ avant les épreuves, et cela à seule fin qu'il s'y habitue. Si par hasard un incident survenait et que le maréchal-ferrant ait trop serré le fer, ce délai laisserait suffisamment de temps pour remédier à ce contretemps et traiter d'éventuelles meurtrissures.

La selle doit être adaptée au cheval, être en bon état et sûre. Évitez les sangles et les brides de couleur qui ne sont pas de mise pour un concours. Votre costume doit être aussi irréprochable que possible. Le harnachement du cavalier est aussi important que celui de la monture. Faites le sacrifice d'un costume bien coupé, qui vous mettra plus en valeur sur votre cheval et que vous ne porterez qu'à l'occasion du concours afin de ne pas le gâcher.

Avant le concours
Dans la mesure du possible, respectez l'emploi du temps quotidien avant le concours, afin que le

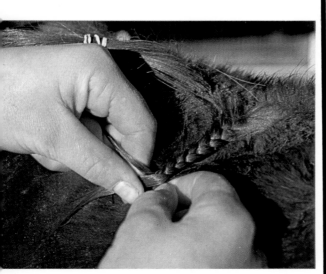

…fectionnez des tresses serrées.

…e crinière en cours de tressage

cheval ne soupçonne pas la proximité d'un événement insolite. Dès six heures du matin, rendez visite à votre cheval à l'écurie, afin de vous assurer qu'il ne s'est pas blessé au cours de la nuit. Préparez-le pour l'exercice. Ayant été soigneusement pansé la veille au soir, il n'est pas nécessaire de renouveler immédiatement l'opération. Donnez-lui une heure d'exercice environ, puis reconduisez-le à l'écurie. Nettoyez la litière, ajoutez une couche de paille supplémentaire et donnez à l'animal deux seaux d'eau fraîche, puis un petit repas. N'oubliez pas de servir l'eau avant le repas, afin de ne pas perturber les fonctions digestives et de prévenir des affections telles que des coliques.

Après cela, il vous reste beaucoup de travail à accomplir avant le départ : pansage, nettoyage du harnachement, préparation de la remorque ou du van pour le voyage. Le cheval doit être très soigneusement pansé, la selle, la bride et la sangle minutieusement nettoyées, cependant si vous entretenez chaque jour votre harnachement,

cette opération ne devrait pas vous prendre beaucoup de temps. La bride doit être démontée et soigneusement nettoyée, les mors et les boucles polies, le cuir décapé selon la méthode habituelle avec de l'eau chaude additionnée d'un produit spécial à la lanoline. La selle doit également être démontée et nettoyée. Les accessoires tels que le licol-bridon, les genouillères et les couvertures, doivent être brossés, toutes les pièces métalliques polies et celles de cuir nettoyées avec la solution spéciale.

Si votre cheval est inscrit dans la classe des chevaux de travail ou à une épreuve de saut, il lui faudra être doté de crampons, qui seront fixés sur le bord externe du sabot. Le maréchal-ferrant adaptera des ferrures spéciales portant des étampures, généralement obstruées par du coton hydrophile imbibé d'huile. La veille du concours, remplacez le coton souillé. Cela lubrifie les étampures et maintient la zone propre, de sorte que le lendemain les crampons pourront être fixés immédiatement. La plupart des chevaux ont habituellement le pied sûr et n'ont besoin que du modèle de crampon le plus simple. Ce dispositif donne plus de confiance au cheval, en l'empêchant de glisser sur un sol humide ou lourd.

Après avoir vérifié les sabots du cheval et le harnachement, occupez-vous du transport. Si vous avez loué les services d'un transporteur, confirmez l'heure à laquelle le véhicule doit être livré, la destination et la durée de votre absence. Si le véhicule vous appartient, vérifiez le niveau de l'essence, de l'huile et de l'eau, la pression des pneus, l'éclairage et l'état des freins.

Si vous avez moins de 18 ans, vos parents devront vous accompagner ou vous vous adresserez à un transporteur. En ce cas, vous ne devez vous préoccuper que de l'intérieur du fourgon. Vérifiez l'état de la litière, assurez-vous que le véhicule possède une trousse de premier secours pour le cheval et pour les personnes, deux seaux, un récipient rempli d'eau, deux filets contenant chacun une ration de foin, l'une pour le voyage aller, l'autre pour le retour, une ration d'avoine, de son et de tablettes, la trousse de pansage, de la vaseline, une couverture absorbante, des ciseaux, des rubans pour les tresses, de l'huile pour les sabots et des crampons. Prévoyez également d'emporter un jeu de fers au cas où le cheval en perdrait un au cours des épreuves. La plupart des organisateurs de manifestations hippiques prévoient la présence d'un maréchal-ferrant, de sorte que si vous avez en votre possession des ferrures de dimensions correctes, le travail n'en sera que davantage facilité.

La veille au soir, mieux vaut se coucher tôt en raison du départ matinal. Avant de vous coucher, vérifiez vos effets personnels et serrez votre bombe, votre jodhpur, votre veste et une chemise propre dans un sac ou une valise, afin qu'ils demeurent propres. Le matin, revêtez un jean, un pull-over et des bottes de caoutchouc, afin que vos vêtements ne soient pas souillés.

Peut-être le gagnant du concours du plus bel équipage.

Préparation de la queue

Après le concours

Les épreuves achevées, le cheval doit être débarrassé de sa selle et de sa bride et recouvert de ses couvertures en prévision du voyage de retour. S'il transpire, disposez une couverture absorbante que vous recouvrirez d'une chemise de toile afin qu'il se rafraîchisse et sèche. Servez-lui de l'eau et un petit repas. Cela fait, fixez les genouillères et le protège-queue et faites monter le cheval dans le fourgon où vous lui donnerez un filet de fourrage.

De retour à l'écurie, le cheval doit être laissé au repos aussi vite que possible. Retirez les harnachements de protection et les couvertures et vérifiez qu'il ne souffre d'aucune blessure. Procédez à un rapide pansage. Recouvrez-le d'une couverture de jute et servez-lui un mash, auquel vous aurez ajouté des carottes ou des pommes. Cette bouillie laxative est donnée au cheval qui ne doit pas travailler le lendemain. Enfin laissez-lui un grand filet de fourrage pour la nuit.

Le lendemain, rendez-vous à l'écurie et assurez-vous de la condition physique de l'animal. Menez-le à la main afin de déceler toute boiterie ou courbature. Approchez-vous, puis fixez la bride de la manière habituelle. Passez les rênes par-dessus la tête de l'animal et menez-le hors de l'écurie. Veillez à ne pas tirer, ni regarder en arrière. Incitez-le à trotter. Observez la façon dont il trotte afin de vous assurer que tout est normal. Maintenez le cheval à une certaine distance de vous, afin de ne pas vous faire piétiner les pieds ou si quelqu'un d'autre observe, que vous ne vous trouviez pas sur sa trajectoire. Cela signifie que vous le menez placé à sa gauche, que vous tournerez sa tête à droite, de sorte que ce soit vous qui parcouriez la plus longue distance. Le lendemain de la compétition étant un jour de repos, les repas habituels devront être réduits, tandis que le volume du fourrage sera augmenté. Si le temps est clément, le cheval appréciera de passer quelques heures au pré. En ce cas, il n'est pas nécessaire de lui donner de foin pendant ce temps. Ne le conduisez pas dans une prairie en mauvais état. Vérifiez les clôtures, assurez-vous que l'animal dispose d'une réserve d'eau suffisante et que la barrière est bien fermée. Si votre pâture produit une herbe très nutritive, réduisez la durée de son séjour dans la prairie, car le cheval risquerait de se gaver et pourrait ainsi être affecté de coliques, de désordres digestifs ou de fourbure.

Les épreuves terminées, chevaux et cavaliers se détendent.

La monte sportive

Avant d'aborder l'équitation supérieure, le cheval doit être calme, franc et faire preuve en sautant d'un style correct. Le concours hippique implique une grande précision. Le meilleur moyen de parvenir à ce but consiste à faire pratiquer au cheval certains exercices d'assouplissement.

Les exercices d'assouplissement ont pour but de donner confiance en lui-même au cheval et de lui permettre de sauter d'une manière plus détendue. Cela permet également au cavalier de se concentrer sur la position correcte à adopter, plus aisément que s'il franchissait des obstacles élevés. A mesure que les obstacles s'élèvent, le style prend de plus en plus d'importance. Un cheval possède un bon style lorsqu'il s'approche de l'obstacle calmement et franchement. A l'enlever, il replie ses antérieurs le plus près possible de son corps. Il ramène l'encolure afin d'équilibrer le reste de son corps, tandis que son dos s'arrondit.

Il est un endroit devant chaque obstacle où le cheval doit prendre sa battue. Il vous faut par conséquent vous apprendre à reconnaître ce point précis et vous entraîner à régler la foulée du cheval. Un cavalier novice aura besoin des conseils d'une personne à l'œil exercé et habituée à entraîner les chevaux au saut.

Le passage de tels obstacles implique une grande adresse, mais également un patient entraînement.

Saut

Regardez droit devant vous.

Le cheval quitte le sol, décollez de la selle.

A la réception, reprenez peu à peu contact avec la selle.

La bouche du cheval, vos mains et le coude restent alignés.

Les types d'obstacles

Il existe une grande variété d'obstacles. Que vous assistiez à un concours hippique en qualité de spectateur ou de concurrent vous en tirerez le maximum d'agrément si vous connaissez leur dénomination. Voici les plus utilisés.

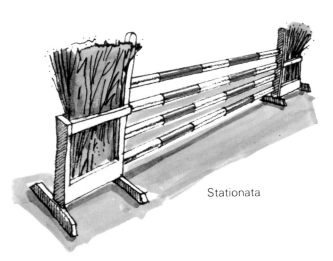

Stationata

Haie barrée
ou oxer

chez-vous en avant, tenez la tête relevée.

Portez votre poids sur les cuisses et les chevilles.

etombée doit être aussi douce que possible.

Le second obstacle se rapprochant, contrôlez l'allure et la direction

Barrières et mur

Barre de Spa

4 Mur

Barre de Spa

Rivière

Palanques

Oxer de bouleau

Parcours

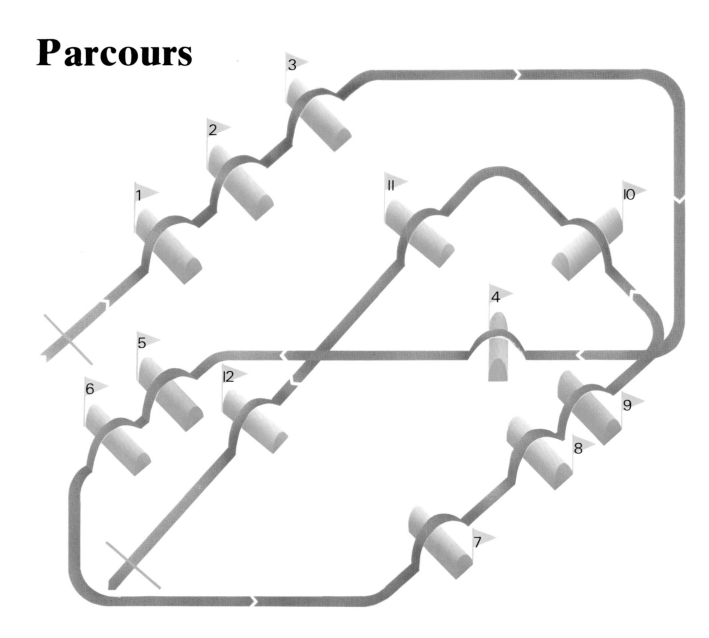

Le concours hippique

Les concours hippiques sont aussi passionnants pour les spectateurs que pour les participants. Le style du cavalier et du cheval n'entrent pas en ligne de compte, pour autant que le cheval ne refuse pas les obstacles et les franchisse sans les renverser. Les diverses associations internationales ont édicté un certain nombre de règles adaptées à chaque style d'épreuve. Le concurrent a le devoir de les connaître et de les bien comprendre. Les pénalisations prévues sont les suivantes :

Renversement d'un obstacle	4 fautes
1er refus	3 fautes
2e refus	6 fautes
3e refus	élimination

Le concurrent s'élançant avant le signal de départ est également éliminé.

Nombre de fautes sont le résultat de virages mal négociés. Si le cheval perd de l'impulsion dans un virage, sa foulée se fait moins énergique, il creuse le dos et ne ramène pas suffisamment son arrière-main. Puis, à mesure qu'il s'approche de l'obstacle il perd impulsion et énergie, de sorte qu'il ne monte pas suffisamment son avant-main et risque de commettre une faute. Les obstacles verticaux présentent plus de difficulté que les larges, car il est plus malaisé pour le cheval de régler sa battue. Les cavaliers habiles et confirmés, avant la battue, raccourcissent la foulée de leur monture qui a besoin de s'enlever en un point bien précis pour passer l'obstacle avec succès. Dans le cas contraire, trop près de l'obstacle il heurte ce dernier de son avant-main, à l'instant où il s'élève.

Les concurrents ont toujours la possibilité de reconnaître le parcours avant que les épreuves ne commencent. Reconnaître un parcours est très important. En premier lieu, étudiez le tracé général du parcours avant d'examiner le premier obstacle dont vous notez le type, la hauteur et l'emplacement. Le premier obstacle est généralement le plus réduit et le plus engageant. Très souvent, en raison de l'apparente facilité qu'il présente, les cavaliers ne contrôlent pas suffisamment leur cheval, ce qui conduit ce dernier à

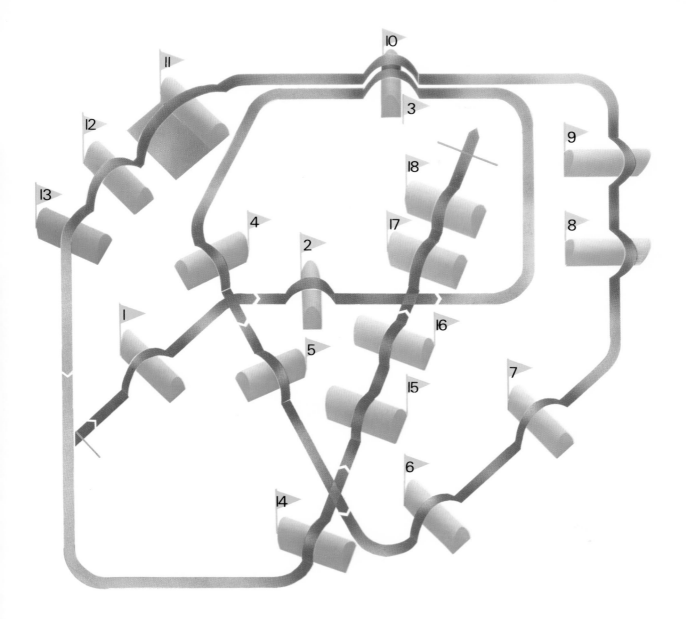

commettre une faute. N'oubliez pas de mesurer la distance séparant les éléments d'une combinaison d'obstacles, tout en relevant les types des différents obstacles qui la composent. Un obstacle large suivi d'un vertical constitue une combinaison difficile. En effet, le cheval a tendance à trop s'élancer sur le premier, de sorte qu'il ne lui reste plus suffisamment de place, lors de la réception, pour alléger son avant-main et imprimer le maximum de poussée à l'arrière-main avant de franchir le second.

Le concours hippique est un sport apprécié dans le monde entier, que la télévision a rendu plus populaire encore. Les obstacles, dans les concours du plus haut niveau, mesurent parfois jusqu'à 1,50 m. En fait, dans les compétitions réservées aux plus jeunes, les obstacles ne sont pas si élevés et c'est la raison pour laquelle le tracé du parcours est plus compliqué. Dans les compétitions open réservées aux adultes, les obstacles peuvent dépasser 1,50 m, par exemple dans les épreuves de puissance le mur mesure généralement plus de 2 m de haut.

Parcours du novice

1	Premier obstacle
2	Obstacle vertical
3	Obstacle de volée
4	Barrière
5-6	Combinaison d'un obstacle vertical avec un oxer
7	Barres
8-9	Autre combinaison d'un obstacle en largeur et d'un vertical
10	Barrières
11	Obstacles de volée
12	Mur

Parcours olympique

1	Haie barrée
2	Chapeau de gendarme
3	Tronc
4	Tronc
5	Barrière
6	Combinaison de trois groupes de barres parallèles triples
7	Barrière
8-9	Combinaison de deux groupes de trois barres, palanques et barrière fixe
10	Tronc
11	Rivière
12-13	Doubles barres parallèles
14	Tuyaux de béton et barrière fixe
15	Barrière fixe et talus
16	Groupe de trois triples barres
17-18	Oxer double et mur

Races de chevaux et de poneys

Il existe actuellement dans le monde une grande variété de types différents de chevaux et de poneys. Nombre d'entre eux sont faciles à identifier toutefois d'autres sont difficiles à reconnaître comme une race particulière. Au cours des ans, cependant, à seule fin de produire le meilleur type possible de cheval ou de poney pour un travail défini, de nombreux éleveurs ont pratiqué des croisements.

Le Morgan

Le Suffolk

L'Arabe

LES SHIRES

Ces chevaux, qui descendent du destrier médiéval, le *Great Horse,* sont les plus grands chevaux de trait lourds britanniques. Ce splendide animal, solidement charpenté, mesure de 1,70 m à 1,80 m. Croisé avec d'autres races, il donne d'excellents sauteurs et chevaux de chasse.

LE SUFFOLK

D'abord nommé Suffolk Punch, cet animal, doué à la fois de la force et de la puissance du Shire, et d'une plus grande rapidité et agilité que ce dernier, est très largement employé pour les travaux agricoles. Il toise 1,60 m environ. Sa puissance lui permet d'être à la fois un cheval de trait et de selle.

LE CLYDESDALE

Cette autre race de chevaux de trait est originaire d'Écosse. Le Clydesdale est un cheval extrêmement lourd, doté d'une force exceptionnelle, lui permettant d'être à la fois un animal de trait et de bât.

LE CLEVELAND BAY

Ces chevaux étaient employés très largement pour les travaux agricoles. De nos jours, le Cleveland est davantage utilisé comme carrossier et croisé avec le Pur-Sang, il produit d'excellents chevaux de chasse et des sauteurs. Il mesure approximativement 1,60 m de haut et possède une robe invariablement baie.

LE WALER

Le Waler d'Australie est un petit cheval mesurant environ 1,45 m de haut. Il est le résultat d'un croisement de Pur-Sang anglais et de Cobs. Cet animal robuste, endurant, au pied très sûr et rapide, est très apprécié par les éleveurs, qui l'utilisent pour rassembler le bétail.

LE QUARTER HORSE

Le Quarter Horse ne mesure guère plus de 1,50 m de haut et possède un corps ramassé. A l'origine, on l'employait pour les épreuves hippiques courues sur une distance d'un quart de mile. Les cow-boys, qui l'utilisaient largement comme gardien de troupeaux, le rendirent très populaire.

LE MORGAN

Ces petits chevaux américains très attrayants mesurent environ 1,45 m de haut et constituent d'excellentes montures, aussi bien pour les enfants que pour les adultes.

L'APPALOOSA

L'Appaloosa est un cheval américain, dont la robe à fond blanc est tachetée de noir ou de brun. On l'emploie fréquemment dans les cirques. En outre, ses allures équilibrées en font un excellent cheval de selle convenant à toutes les activités équestres.

LE PERCHERON

Ce cheval français est l'un des chevaux de trait lourds les plus populaires, non seulement dans

Le Hanovrien

Le Percheron

Le Waler

son pays d'origine, mais encore en Europe occidentale et en Amérique. Gris ou noir, il possède une charpente exceptionnellement puissante.

LE BRETON
Cette race de chevaux de trait se divise en deux types : le Postier Breton, le plus léger et le Trait Breton. On les utilise essentiellement dans l'agriculture.

LE BOULONNAIS
Ce cheval de trait lourd doit son exceptionnelle élégance à une forte proportion de sang oriental. Généralement gris, il mesure 1,70 m de haut.

LE COMTOIS
Élevé en Franche-Comté, il mesure entre 1,47 m et 1,57 m de haut et est généralement bai. Sa robustesse et son pied très sûr en font un animal adapté à la montagne.

L'ANGLO-ARABE
Issu du croisement d'un Pur-Sang anglais et d'un Arabe, cette race vit le jour en France. Le cheval possède les traits fins et la petite tête de l'Arabe, et la taille et la charpente plus robuste du Pur-Sang. Les Anglo-Arabes constituent d'agréables chevaux de selle, extrêmement doués, pour la chasse, l'obstacle et le dressage.

L'ANGLO-NORMAND
Également nommé demi-sang Normand, il est issu du croisement de Pur-Sang anglais et de chevaux indigènes. De couleur baie ou alezane, il mesure environ 1,60 m. Trotteur et galopeur, il se distingue particulièrement au concours hippique.

L'ARABE
C'est un petit cheval toisant entre 1,40 m et 1,50 m. Extrêmement résistant, il fait merveille sur les longues distances. Le monde chevalin doit énormément à l'Arabe, dont la plupart des races à sang chaud dérivent, notamment le Pur-Sang anglais. On fait encore appel à lui pour améliorer les races indigènes. Il se caractérise par sa petite tête concaviligne et sa queue attachée haut. Il possède une crinière et une queue très soyeuses. Les Arabes sont généralement bais, gris, alezans ou bruns.

LE HANOVRIEN
L'Allemagne s'est rendue célèbre grâce au Hanovrien. Primitivement, la race était représentée par un animal assez lourd, utilisé essentiellement pour le trait. Récemment, par des infusions de Pur-Sang anglais, on a réussi à produire un demi-sang doté d'un dos robuste et d'une arrière-main très puissante. Il toise entre 1,60 m et 1,70 m. Ces chevaux sont très largement utilisés pour le dressage et le saut d'obstacles.

LE PUR-SANG ANGLAIS
Les Pur-Sang anglais constituent la race la plus élaborée et sont essentiellement élevés pour les

Pur-sang

Le Dales

Le Hunter

courses. Ils mesurent entre 1,50 m et 1,70 m. Ils sont dotés de membres fins, de petits sabots, de longues jambes et d'une petite tête. Ils sont élégants et adaptés à la course de vitesse. Ils peuvent être de toute couleur, toutefois les sujets bais ou bruns sont plus courants.

LE HUNTER

Les Hunters ne constituent pas une race, mais un type de cheval. Ils sont sélectionnés d'après la conformation du terrain sur lequel ils sont appelés à travailler. Ce sont des Pur-Sang anglais ou des demi-sang.

LE COB

Au même titre que les Hunters, les Cobs ne constituent pas une race, mais un type d'animal. Les Cobs sont une monture idéale pour les cavaliers inexpérimentés ou âgés. Calmes et dociles, capables de supporter un poids important, ils sont particulièrement appréciés pour la chasse. Leur corps est massif, leurs membres courts, leur tête petite mais belle, et leur encolure assez courte. Ils se signalent par leur action rasante. Leurs manières doivent également être irréprochables.

LE CHEVAL
OU LE PONEY DE CONCOURS

Une fois encore il ne s'agit pas là d'une race, mais d'un type bien défini. Qu'il s'agisse d'un poney, d'un hack ou d'un Hunter, ce sont des chevaux de qualité dotés d'une personnalité qu'on remarque dès leur entrée en piste. Ils doivent être bien équilibrés et bien conformés. Ils doivent avancer franchement, calmement et docilement, et leurs allures doivent être élégantes. Leurs manières doivent leur permettre de toujours bien se comporter, quelles que soient les circonstances. Toutes les couleurs de robe sont admises, sauf les robes bicolores.

Les poneys peuvent être de différentes couleurs. Certaines races particulières produisent des nuances bien définies. Par exemple, l'Exmoor est presque toujours bai ou brun. Le Shetland, par contre, est de toute couleur, y compris blanc à taches alezanes ou pie. La couleur n'affecte en rien les performances d'un poney. Il est plus facile cependant de connaître les différentes couleurs, car il est plus aisé de dire qu'un cheval est bai plutôt que d'expliquer qu'il possède une robe brune ornée d'une crinière et d'une queue noires.

LE NEW FOREST

Ce sont d'excellents poneys de selle mesurant de 1,20 m à 1,45 m. Ils sont le plus souvent bais ou bruns. Extrêment robustes, ils sont capables de vivre à l'extérieur toute l'année, à condition toutefois qu'ils disposent d'une nourriture plus abondante en hiver, si l'on souhaite les maintenir en bonne condition physique.

L'EXMOOR

Ces poneys doués pour le saut constituent d'agréables montures. Ils toisent 1,25 m environ. Ils se caractérisent par le poil clair de leur museau et parfois de leur abdomen. Ils sont généralement bais ou bruns.

LE DARTMOOR

Ces animaux, qui peuvent être de toutes couleurs, conviennent tout particulièrement aux enfants. On les utilise très souvent pour des croisements, afin de produire des poneys de selle pour enfants.

Le Welsh Mountain

Le Highland

Le Shetland

LE WELSH MOUNTAIN PONY

Il ne dépasse pas 1,20 m de haut et constitue une première monture pour enfants idéale. Il est extrêmement attrayant, avec sa petite tête gracieuse légèrement concaviligne. Doué d'un tempérament courageux et docile, il convient tout particulièrement aux jeunes enfants.

LE FELL

Cet animal robuste est originaire du Cumberland et du Westmorland. Noir, brun, bai ou gris, il mesure entre 1,30 et 1,40 m. Il est généralement doté de membres extrêmement forts et d'un corps très musclé. En hiver, il se recouvre d'une abondante toison et se caractérise par son épaisse crinière et les longs poils qui garnissent ses membres. Ce sont à la fois des poneys de selle et d'attelage.

LE DALES

Extrêmement puissant, il est capable de supporter un poids élevé. Il toise entre 1,40 et 1,45 m. Cet animal calme et tranquille constitue un excellent poney de selle, tant pour les adultes que pour les enfants. Comme le Fell, sa toison s'épaissit l'hiver venu, tandis que de longs poils recouvrent ses membres. Cette épaisse toison le protégeant du froid et de la pluie, l'animal est capable de vivre en plein air, sans avoir besoin d'aucune couverture. A l'exemple des poneys vivant dans les montagnes et les landes, sa nourriture journalière doit être augmentée d'une ration de foin supplémentaire pendant les longs mois d'hiver.

LE HIGHLAND

Ces poneys originaires d'Écosse sont robustes et puissants. Ils possèdent un dos court, des épaules,

une arrière-main et une avant-main très musclées, et des membres courts et robustes. Le type le plus petit mesure 1,25 m tandis que le plus grand toise jusqu'à 1,45 m. Ils constituent d'agréables poneys de loisir. Généralement gris ou louvet, on en rencontre également des bruns et des noirs. Les gris et les louvets se caractérisent par une raie de mulet foncée.

LE CONNEMARA

Ces ravissants poneys originaires d'Irlande mesurent de 1,30 à 1,45 m de haut. Ils peuvent être de toutes couleurs, toutefois les gris et les louvets sont plus courants. Dotés d'un tempérament docile, ils constituent d'excellentes montures pour enfants. Ils se distinguent dans une quantité d'activités équestres telles que le dressage, le concours hippique, la chasse, le concours complet et l'exhibition.

LE SHETLAND

Le Shetland qui ne dépasse jamais 1,25 m de haut se classe parmi les races les plus petites. Toutefois, sa robustesse lui permet de supporter des poids bien supérieurs à ce que sa taille pourrait laisser attendre. Il est surtout élevé comme poney pour enfants, mais est capable de tracter des attelages légers. Il en existe de toutes couleurs, le pie y compris. Ces animaux dotés d'un bon tempérament constituent d'excellents animaux de compagnie.

Vacances
à cheval

Diverses associations équestres organisent des séjours au cours desquels leurs membres peuvent pratiquer l'équitation, pendant les vacances. Il peut alors s'agir de stages de perfectionnement, à l'intérieur d'une école, ou de tourisme équestre. Dans le premier cas, les stagiaires accomplissent un travail de manège, tandis que dans le second ils se consacrent aux promenades. Les deux activités, toutefois, ne s'adressent qu'à des cavaliers possédant déjà une certaine expérience, mais soucieux d'améliorer leur technique et assez résistants pour supporter la fatigue qu'impliquent de longues randonnées à cheval.

Remarquons cependant que certains poneys-clubs se consacrent à l'initiation de très jeunes enfants, où l'on apprend à ces derniers non seulement à monter, mais aussi à s'occuper pleinement de l'animal qui leur est confié.

Dans certaines régions de France et d'Europe, il vous est possible de louer une roulotte et son cheval et pendant quelques jours de mener ainsi une vie nomade, sur les routes écartées, et de jouir plus pleinement des beautés que vous offre la nature. Toutefois, vous avez pendant ce temps-là la responsabilité pleine et entière de votre cheval, ce qui requiert une certaine expérience préalable.

Si vous possédez déjà une certaine expérience du cheval et souhaitez perfectionner vos connaissances, aussi bien en matière d'équitation que de connaissance de l'animal lui-même, il vous est possible de passer vos vacances dans un centre équestre. Nombre de ces établissements se chargent d'enfants pendant des périodes plus ou moins longues, au cours desquelles ils les préparent aux compétitions et leur apprennent à s'occuper pleinement de l'animal. Ces centres ne répondent pas aux mêmes besoins, certains se consacrant aux jeunes cavaliers, tandis que d'autres sont spécialisés dans le dressage, le concours hippique et l'équitation générale.

Si vous souhaitez obtenir plus de renseignements concernant les diverses activités équestres, nous ne saurions trop vous recommander de vous adresser à la Fédération Française des Sports Équestres, ou à l'Association Nationale pour le Tourisme Équestre.

Index

Remerciements

Les éditeurs remercient les organismes et personnes suivants, qui les ont autorisés à reproduire les photographies de cet ouvrage :
A FA Colour Library : 48, All-Sport (Don Morley) 5 ; Gerry Cranham : 2-3, 6-7, 12, 17, 20, 22 haut gauche et droite, bas droit, 22-33, 38, 42-45, 53, 54, 55 haut gauche et droite, bas droit, 56, 60-63, 68, 71 haut, 76, 80-1 ; Bob Langrish : 40-1, 79 bas gauche ; Claire Leinbach : 1, 71 bas, 82-3 ; Leo Mason : 79 bas droite ; Jane Miller : 51, 77, 92-3 ; John Moss : 8, 11, 14, 15, 18, 19 haut gauche et droit, 22 bas gauche, 39, 46-7, 55 bas gauche, 57, 65, 66, 74 ; Peter Roberts : 37, 58-9, 78, 79 haut gauche et droit ; Spectrum : 70, 72-73.
Couverture (1er plat) : Colorsport ; (2e plat) : Gerry Cranham.

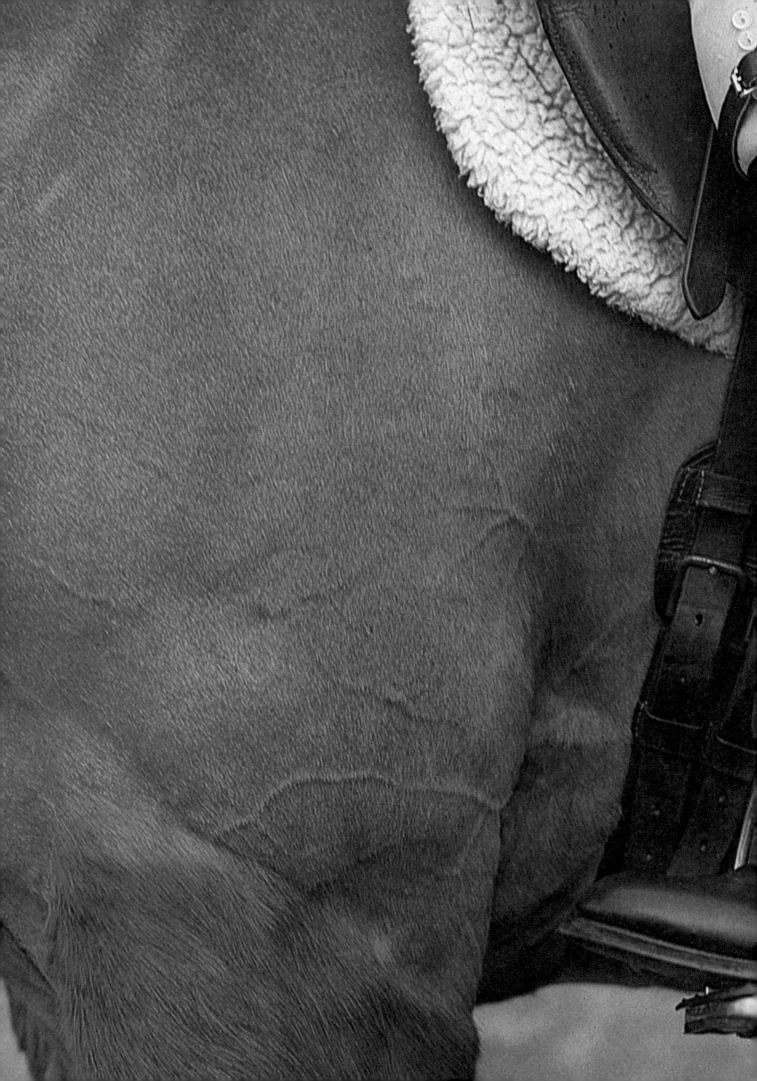